Mit Sprache Geld verdienen

Wie man als freiberuflicher Übersetzer so richtig durchstartet

Kathrin Mazur

Illustration: Kathrin Mazur

Herstellung und Verlag: CreateSpace

ISBN: 1536837814
ISBN-13: 978-1536837810

INHALT

Ich möchte mich bei meiner lieben Kollegin Nina bedanken, die mir durch ihre zahlreichen Fragen zu Beginn einer Karriere als freiberufliche Übersetzerin und als Absolventin der Sprachschul-Fortbildung sehr geholfen hat.

ÜBER DIE AUTORIN

Kathrin Mazur ist eine erfahrene Übersetzerin, Untertitlerin und Autorin im Eigenverlag. Von 2004 bis 2010 lebte sie in London, wo sie in verschiedenen Übersetzungsagenturen als Projektmanagerin arbeitete und zunächst dort auch kleine Übersetzungen anfertigte. 2010 machte sie sich als Übersetzerin selbstständig und kehrte nach Deutschland zurück. Um auch an Kunden aus Deutschland zu kommen, legte sie nach abgeschlossener Fortbildung bei der AKAD die Übersetzerprüfung bei der IHK Dortmund ab.

Seit 2015 veröffentlicht sie zudem unter ihrem Pseudonym Kathy Matthews Romane im Eigenverlag auf Amazon und anderen Plattformen für Self-Publisher. Die Bücher ihrer Romanreihe „New York Mustangs" gehören dort zu den Bestsellern in der Kategorie Sport-Belletristik.

Dank ihrer Berufskombination Übersetzerin/Autorin bietet sie ebenfalls das Lektorat für andere Self-Publisher an und Literaturübersetzungen gehören zu ihren Fachgebieten.

Online-Präsenz:

Web: www.germanpowertranslator.de
Facebook: German Power Translator
Twitter: @powertranslator
ProZ: http://www.proz.com/profile/1362341
Translators Cafe:
http://www.translatorscafe.com/cafe/member123962.htm

Autorenwebsite: www.kathymatthews.de

Einleitung

Sind Sie sprachbegabt? Haben Sie vielleicht eine Sprache studiert oder sind gar zweisprachig aufgewachsen? Oder haben Sie eine Zeit lang im Ausland gelebt? Oder befinden Sie sich gerade im Studium der Übersetzungslehre? Treffen einer oder mehrere dieser Punkte auf Sie zu und Sie können darüber hinaus noch gut und stilvoll Teste verfassen, dann haben Sie sich sicher auch schon einmal gefragt, ob Sie Ihr Talent nicht vielleicht nutzen und sich als Übersetzer oder Übersetzerin selbstständig machen sollten. An dieser Stelle eine Anmerkung. Im Buch werde ich aufgrund der Lesbarkeit von Übersetzer sprechen. Dies ist in keinster Weise so gemeint, dass es nicht auf die Kolleginnen zutrifft. In der Tat sind wesentlich mehr Frauen als freiberufliche Übersetzerinnen oder Dolmetscherinnen tätig, aber ich beschränke mich hier auf die maskuline Form.

Zurück zum Thema. Freiberuflich tätig zu sein, ist eine tolle Sache. Man arbeitet meistens vom heimischen Büro aus und kann sich das Pendeln zum Arbeitsplatz sparen. Das heißt, kein Stau auf der Autobahn, keine Verspätungen im öffentlichen Nahverkehr und keine unangenehmen Wetterbedingungen. Doch auch bei einer Freiberuflichkeit ist nicht alles Gold, was glänzt. Vergessen Sie als erstes eines nicht: Sie sind alleine für Ihren Lebensunterhalt und all Ihre Unkosten zuständig. Kein festes Gehalt, was monatlich aufs Konto fließt. Eine private Krankenkasse muss abgeschlossen werden. Und lassen Sie mich Ihnen bereits an dieser Stelle eines versichern: Die ersten Jahre werden hart. Die Kunden kommen nicht automatisch angelaufen, sobald man sich an seinen Schreibtisch setzt und sagt: „Ich bin jetzt freiberuflicher Übersetzer." Aus diesem Grund werde ich versuchen, anhand meiner eigenen Erfahrungen ein paar Tipps für die harte Anfangszeit zu geben. Was Sie außerdem jetzt benötigen, ist Durchhaltevermögen. Bis man vom Übersetzen leben kann, vergehen in der Regel drei Jahre. Das war es, was mir mein erster Chef, der Besitzer einer Übersetzungsagentur, zu Beginn meiner Berufstätigkeit sagte.

Mich selbst zog es 2004 nach London, nachdem ich seit meiner ersten Stunde Englischunterricht wusste, dass ich ein gutes Sprachgefühl für diese Sprache hatte. Auch wenn ich zu dem Zeitpunkt noch nicht genau wusste, was ich beruflich machen wollte, war mir klar, dass ich mein gutes Englisch und die Tatsache, dass ich als deutsche Muttersprachlerin eine für die Briten Fremdsprache flüssig beherrschte, zum Beruf machen wollte. Aus diesem Grund bekam ich schon bald eine Anstellung als Projektmanagerin in einer Übersetzungsagentur. Dank eines sehr engagierten Chefs konnte ich bereits während dieser Zeit erste Übersetzungen anfertigen und so das Business von der Pike auf lernen. Diese Zeit war auf jeden Fall wertvoll, denn ich habe Einblicke in das Leben, welches mich als freiberufliche Übersetzerin erwartete, bekommen und wertvolle Tipps von bereits erfahrenen Übersetzern erhalten. Auf der anderen Seite konnte ich auch in die Arbeit der Agenturen schauen, wodurch ich heute besser zu schätzen weiß, was die Menschen am anderen Ende der Email zu erledigen haben.

2007 wechselte ich die Stelle und arbeitete für zweieinhalb Jahre in einer Medienagentur, welche sich um die Herstellung von Untertiteln und Synchronisation von Film- und Fernsehprogrammen kümmert. Auch hier arbeitete ich zwar als Projektmanagerin, lernte aber auch das Untertiteln und fertigte in meiner Freizeit Textübersetzungen für die Firma an.

2010 wollte ich mich selbstständig machen und stellte zum ersten Mal fest, dass man anfangs wirklich am Hungertuch nagt.

Für Existenzgründer ist London ein zu teures Pflaster, weshalb ich nach Deutschland zurückkehrte und meine Karriere hier auf ein Neues startete. Die Zeit in London hat mir allerdings in mehr als nur einer Sicht sehr geholfen. Zum einen beherrsche ich natürlich die englische Sprache nun fließend, zum anderen sind die beiden Agenturen, für die ich in London gearbeitet habe, heute meine Kunden.

Was können Sie nun von diesem Buch erwarten?

Als ich vor Familie und Freunden zum ersten Mal die Idee äußerte, ein Sachbuch zum Thema „Wie starte ich als Übersetzer so richtig durch" zu schreiben, stieß ich sowohl auf Anerkennung wie auf Skepsis. „Du verrätst dein Betriebsgeheimnis", hieß es von den größten Skeptikern. Doch ich sah das anders, denn jeder muss seinen eigenen Weg finden, aus seinem Sprachtalent ein erfolgreiches Business aufzuziehen, und dennoch gibt es den einen Weg, den jeder Übersetzer geht. Das mag paradox klingen, ist es aber nicht. Auch wenn am Ende jeder einen anderen Weg findet, erfolgreich zu werden, und seine eigenen Nischen im breiten Spektrum der Sprachdienstleistungen entdecken muss, gibt es gerade zu Beginn einige grundlegende Schritte, die jeder unternehmen sollte, um überhaupt erst einmal in der Lage zu sein, sich auf die Entdeckungsreise nach seinem eigenen Betriebsgeheimnis zu machen. Während diese Wege in Übersetzerkreisen ein offenes Geheimnis sind, sind sie dem Sprachanfänger gänzlich unbekannt. „Das ist nicht mein Betriebsgeheimnis, sondern allgemein gültig", lautete also meine Antwort.

Und genau das möchte ich Ihnen als Einsteiger vermitteln: die offenen Geheimnisse, wie man als Übersetzer anfängt. Außerdem möchte ich Ihnen unterschiedliche Möglichkeiten aufzeigen, die Ihnen dabei helfen sollen, Ihren eigenen Weg zum Erfolg und somit Ihr eigenes „Betriebsgeheimnis" zu finden.

Konkret bedeutet das:

Ich hoffe, damit einen Beitrag zu Ihrem erfolgreichen Start leisten zu können, und würde mich über Feedback und weitere Anregungen freuen.

Kapitel 1 - Ausbildung: Wie werde ich Übersetzer?

1.1 Fortbildung oder direkt durchstarten?

Eine Anmerkung vorab: Ich spreche in diesem Abschnitt nicht von Leuten, die die Kunst des Übersetzens in einem klassischen Studium an einer Hochschule wie zum Beispiel der TH Köln (Studiengang: Mehrsprachige Kommunikation, Fachrichtung Übersetzen und Dolmetschen) erlernen. Ich spreche von Leuten, die bereits ein abgeschlossenes Studium in einem anderen Bereich oder ganz allgemein einer Sprache haben oder eben über eine berufliche Ausbildung mit Berufserfahrung verfügen und nun beschließen, freiberufliche Übersetzer zu werden. Studenten der Übersetzungslehre werden dennoch nützliche Informationen in diesem Buch finden, angefangen in Abschnitten 1.2 und 1.3, in denen erläutert wird, wie man praktische Erfahrung sammeln kann.

Die Frage, ob man sich als Übersetzer aus- bzw. fortbilden lassen oder direkt durchstarten sollte, hängt in erster Linie davon ab, wen man sich als Kunden erhofft und wie gut die eigenen Sprachkenntnisse wirklich sind. Grundsätzlich ist es nicht nötig, einer Übersetzungsagentur in Großbritannien oder den USA ein Zeugnis vorzulegen, welches die eigenen Fähigkeiten belegt. Die meisten dieser Agenturen legen mehr Wert auf Berufserfahrung als auf einen Einser-Abschluss. Wenn Sie also vielleicht in Ihrem jetzigen Job schon viel mit Sprachen zu tun haben oder in Ihrem Leben eine Zeit lang im Ausland gelebt haben, gilt dies als Erfahrung. Erfahrung kann man eben auch sammeln, wenn man in einer Übersetzungsagentur arbeitet und dort zunächst leichte Übersetzungen übernimmt. Dabei müssen Sie nicht im Detail angeben, worin diese Erfahrung liegt. Ich werde auf diesen Punkt noch einmal näher eingehen, wenn ich über den Translator's CV spreche.

Haben Sie noch keine Erfahrungen im sprachlichen Rahmen, die über das Schulenglisch oder Schulfranzösich hinausgehen, oder planen Sie, Ihren Kundenstamm hauptsächlich in Deutschland zu suchen, ist eine Fortbildung mit anschließender Prüfung auf jeden Fall zu empfehlen. In der Fortbildung hebt man nicht nur seine eigenen Fremdsprachenkenntnisse auf höchstes Niveau (im Fall von Englisch entspräche dies dem C2-Level, dem Cambridge English Proficiency Level), man lernt auch Techniken zur Übersetzung und wird am Ende von anerkannter Stelle geprüft. Dadurch erhält man ein Zeugnis, welches Agenturen in Deutschland häufig voraussetzen. Darüber hinaus können Sie sich mit diesem Zeugnis auch bei Gericht vereidigen lassen, um etwa dort bei Gerichtsverhandlungen zu dolmetschen oder offizielle Gerichtsdokumente zu übersetzen. Auch eine Anmeldung beim BDÜ (Bundesverband der Dolmetscher und Übersetzer e.V.) ist mit einem solchen Zeugnis möglich. Ob sich letzteres jedoch für Sie lohnt, können Sie nach Kapitel 2 Unterkapitel „Foren" entscheiden.

Auch wenn ich sechs Jahre in England gelebt habe, würde ich trotz allem zu einer Fortbildung raten, weil sie einem die Sicherheit gibt, wirklich zu wissen, was man tut. Durch das Feedback der Lehrer gewinnt man an Sicherheit und merzt seine Fehler aus. Mit einem Zeugnis, das belegt, dass man auch kann, was man sagt, fühlt man sich auch bei negativer (unangemessener) Kritik von Kunden sicher und kann mit entsprechender Sicherheit auf diese reagieren.

Auch der BDÜ hilft dabei, den richtigen Weg in den Beruf des Übersetzers zu finden. Diese Informationen finden Sie unter http://www.bdue.de/der-beruf/wege-zum-beruf/ und sie werden regelmäßig aktualisiert.

1.1.1 Fernstudium oder Sprachschule?

Wie das oft so ist, gilt auch hier: Viele Wege führen nach Rom.

Im letzten Abschnitt habe ich Ihnen einen Link zur Auflistung „Wege zum Beruf" genannt, die der BDÜ aufgestellt hat. Diese Auflistung wird regelmäßig aktualisiert (http://www.bdue.de/der-beruf/wege-zum-beruf/). Um Ihnen einen Einblick darin zu geben, wie dies in der Praxis aussieht, werde ich zwei Institutionen näher vorstellen.

Beginnen wir mit dem Fernstudium

Ich persönlich habe meine Fortbildung im Fernstudium absolviert, was einem auf der einen Seite höchstmögliche Flexibilität bietet, auf der anderen Seite natürlich auch große Disziplin erfordert. Die AKAD in Stuttgart ist die einzige Fernuni, die derzeit eine Vorbereitung auf die staatliche Prüfung durch diverse Kultusministerien bietet, aber auch die IHK-Prüfung ist ohne weiteres möglich. Diese Fernuni wird auch vom BDÜ empfohlen (http://www.bdue.de/de/der-beruf/wege-zum-beruf/studium/sonstige/).

Die Fortbildung ist auf zwei Jahre angelegt mit zwei kostenlosen Betreuungsjahren im Anschluss, in denen weitere Seminare besucht werden können. Die Kosten betragen ca. 5000 €, Bildungsgutscheine und andere Fördermittel werden anerkannt und am Ende auf die Gesamtkosten angerechnet.

Die Ausbildung deckt folgende Bereiche ab:

- Deutsche Grammatik
- Anhebung des Fremdsprachniveaus auf C2 (C1 oder anderweitig erlangtes Sprachniveau ist Voraussetzung und wird durch einen freiwilligen Test ermittelt bzw. bestätigt)
- Landeskunde Deutschland und Länder, in denen die Fremdsprache Amtssprache ist (im Fall von Englisch bezieht sich das auf Großbritannien und die USA, ich empfehle jedoch, anhand der Materialien auch entsprechende Kenntnisse über andere englischsprachige Länder anzueignen)
- Wirtschaftskenntnisse
- Übersetzungstechniken
- Schreibtechniken
- Dolmetschen
- Vorbereitung auf die staatliche Prüfung (wie eben schon gesagt, die IHK-Prüfung ist ebenfalls kein Problem; welche für Sie infrage kommt, diskutiere ich im nächsten Unterabschnitt)

In allen Bereichen wird die Leistung durch Einsendeaufgaben und das Ablegen einer Klausur nachgewiesen. Die Prüfungsstandorte sind in vielen Großstädten überall in Deutschland zu finden. Ich habe beispielsweise meine Klausuren in Düsseldorf geschrieben. Die Seminare, von denen aber nur noch wenige wirklich Pflichtseminare sind, die für die staatliche Prüfung vorausgesetzt werden, finden in Stuttgart statt.

Meine eigene Erfahrung mit der AKAD war durchaus positiv. Ich habe mich sehr gut auf die Prüfung vorbereitet gefühlt und trotz meiner schon vorhandenen Auslands- und Berufserfahrung waren die Übersetzungstechniken sehr nützlich. Es gab sogar ein Kursbuch, in welchem das tatsächliche

Berufsleben als Übersetzer vorgestellt wurde.

Fortbildung bei einer Sprachschule

Von den bekannten Sprachschulen bietet die Inlingua an einigen Standorten einen Kurs für angehende Übersetzer an, der auf die Prüfung an der IHK vorbereitet. Ich stelle diesen am Beispiel der Inlingua Dortmund vor (http://www.inlingua-dortmund.de/extras/nebenberufliche-berufsausbildung/ausbildung-zumzur-uebersetzerin.html).

Der Unterricht richtet sich an Fremdsprachenkorrespondenten und Leute, die auch über Kenntnisse im wirtschaftlichen Bereich verfügen. Die Voraussetzung für die Teilnahme am Kurs ist genau wie bei der AKAD ein Sprachniveau entsprechend C1, welches durch entsprechende Sprachkurse oder auch anders erworben werden kann.

Der Kurs findet im Einzelunterricht statt. Ein- bis zweimal wöchentlich bekommt man eine Doppelstunde (2 x 45 Minuten).

Unterrichtsinhalte sind laut Website:

- Übersetzungen von der Fremdsprache ins Deutsche und umgekehrt
- Aufsätze aus den Themenbereichen Wirtschaft, Recht und Soziologie
- Vermittlung von Übersetzungstechniken
- Mündliche Kommunikation in der Fremdsprache
- Vertiefung von betriebswirtschaftlichen und volkswirtschaftlichen Themen
- Vermittlung von landeskundlichen und interkulturellen Qualifikationen zum Thema Betriebswirtschaft
- Diskussion über tagesaktuelle wirtschaftliche Themen

Die Kosten richten sich nach den Vorkenntnissen des Studenten und daher der konkreten Kursdauer. Laut Website liegen sie zwischen ca. 2700 € und 4000 €. Tatsächlich kommt man bei einem einjährigen Studium auf eine Preis, der nicht weit unter dem der AKAD liegt. Bei meinem Interview mit einer Kursteilnehmerin, die ich bei meiner Prüfung an der IHK kennenlernte, erfuhr ich, dass es in dem Kurs vor allem um praktische Übersetzungsübungen ging, deren Ausgangstexte alles alte Prüfungstexte der IHK waren. Dabei ging es thematisch in erster Linie um Texte aus den Bereichen Wirtschaft und Recht, genau wie es später in der Prüfung verlangt wurde. Über die Kultur Deutschlands und des angelsächsischen Raumes wurde nicht gesprochen, außer über die EU. Auch die Beherrschung der deutschen Grammatik wurde vorausgesetzt und nicht wiederholt. Da es keine zusätzliche Prüfung dafür gab, ist auch nicht klar, auf welchem Sprachniveau sich die Sprachkenntnisse im Sinne des Cambridge Certificates befinden. Übersetzungstechniken wurden am praktischen Beispiel erläutert und geübt, allerdings konnte die Tutorin in ihrem Fall nichts zum Gebrauch von CAT Tools sagen und auch darüber, wie das Leben als Übersetzer hinterher aussieht, wurde nichts vermittelt.

Insgesamt war die Erfahrung der Kursteilnehmerin sehr positiv. Sie fühlte sich gut betreut, sowohl von der Tutorin als auch von der Verwaltung der Inlingua. Besonders gut fand sie, dass man durch den Einzelunterricht die Lerngeschwindigkeit selbst bestimmen kann und dort abgeholt wird, wo man steht. Dadurch kann man auch die Anzahl der benötigten Stunden selbst bestimmen, was eventuell kostensparend ist, wenn man bereits Erfahrungen im Übersetzen gesammelt hat.

1.1.2 Prüfung: Staatliche Anerkennung oder IHK-Prüfung?

Die Frage, ob man eine staatliche Anerkennung erreichen oder die IHK-Prüfung ablegen möchte, stellt sich unter Umständen schon vor Beginn der Fortbildung. Um auf die Prüfung zur staatlichen Anerkennung vorbereitet zu werden, kommen nämlich nur bestimmte Lerninstitute infrage. (Siehe http://www.bdue.de/de/der-beruf/wege-zum-beruf/studium/sonstige/)

Woran unterscheiden sich die Prüfungen? Diese Frage werde ich versuchen zu beantworten, indem ich beide Prüfungsformen kurz vorstelle.

Staatliche Anerkennung:

Die Prüfung zum staatlich anerkannten Übersetzer kann man bei den Kultusministerien verschiedener Bundesländer ablegen. Die Kosten für die Prüfung unterscheiden sich und liegen laut der Websites der entsprechenden Kultusministerien zwischen ca. 286 € (in Saarbrücken) und 440 € (in Rostock). Inhaltlich gibt es sicher kaum Unterschiede. Ich stelle die Prüfung am Beispiel von Darmstadt vor (siehe https://la.hessen.de/irj/LSA_Internet?cid=ed1be5cdc41247e2ab658d9b00d5fbaa). Hier liegen die Kosten für die Prüfung bei 385 €.

Die Prüfung findet **einmal im Jahr** statt, in einigen Sprachen inklusive Englisch auch **zweimal** (etwa im Mai und November). Da der Prüfer das Ministerium ist, ist die staatliche Anerkennung eher **recht- und verwaltungsorientiert** und daher besonders geeignet für Leute, die Dokumente in diesen Bereichen übersetzen oder sich vor Gericht vereidigen lassen möchten.

Darüber hinaus ist sie sehr umfangreich.

Sie besteht aus vier Hausarbeiten:

- Übersetzung eines Textes allgemeiner Thematik von Deutsch in die Fremdsprache
- Übersetzung eines Textes aus einer Fachthematik (z.B. Wirtschaft oder Recht) von Deutsch in die Fremdsprache
- Übersetzung eines Textes allgemeiner Thematik von der Fremdsprache ins Deutsche
- Übersetzung eines Textes aus einer Fachthematik (z.B. Wirtschaft oder Recht) von der Fremdsprache ins Deutsche

Außerdem werden vor Ort am Prüfungsort (hier Darmstadt) an zwei aufeinander folgenden Tagen insgesamt folgende fünf Klausuren geschrieben:

- Übersetzung eines Textes allgemeiner Thematik von Deutsch in die Fremdsprache
- Übersetzung eines Textes aus einer Fachthematik (z.B. Wirtschaft oder Recht) von Deutsch in die Fremdsprache
- Übersetzung eines Textes allgemeiner Thematik von der Fremdsprache ins Deutsche
- Übersetzung eines Textes aus einer Fachthematik (z.B. Wirtschaft oder Recht) von der Fremdsprache ins Deutsche
- Aufsatz über ein landeskundliches Thema

Rund drei Monate später findet eine mündliche Prüfung vor Ort statt, bei der ebenfalls Texte mündlich übersetzt werden müssen. Sie umfasst sowohl Stegreifübersetzen als auch ein Gespräch in der Fremdsprache. Genaueres finden Sie unter dem oben genannten Link.

Die IHK-Prüfung:

Auch die Industrie- und Handelskammer bietet eine

Prüfung für Übersetzer an. In Nordrhein-Westfalen kann man diese Prüfung an gleich drei Standorten ablegen, und zwar in Dortmund, Düsseldorf und Köln. Bundesweit kommen noch die IHK-Standorte in Karlsruhe, Regensburg, Berlin, Wiesbaden und Koblenz hinzu.

Die Prüfung ist sehr **wirtschaftsorientiert** und daher geeignet für Leute, deren **Fachgebiete im Wirtschafts- oder Marketingbereich** liegen oder liegen sollen. Genau wie die staatliche Anerkennung wird auch die IHK-Prüfung vom **BDÜ anerkannt**, d.h. der geprüfte Übersetzer kann dort volles Mitglied werden. **Folglich wird sie auch von Kunden und Übersetzungsagenturen anerkannt.**

Die Prüfung selbst besteht aus drei zweistündigen Klausuren, die an einem Tag geschrieben werden und folgende Handlungsbereiche abdecken:

- Übersetzung von zwei wirtschaftlichen Texten von Deutsch in die Fremdsprache (Wortzahl ca. 300 Wörter pro Text)
- Übersetzung von zwei wirtschaftlichen Texten von der Fremdsprache ins Deutsche (Wortzahl ca. 300 Wörter pro Text)
- Aufsatz in der Fremdsprache über ein wirtschaftliches Thema

Das klingt vielleicht viel, ist in der gegebenen Zeit aber problemlos machbar. Einer der vier zu übersetzenden Texte kann leicht juristisch sein, z.B. ein Auszug aus einem Vertrag.

Nach vier bis acht Wochen findet die mündliche Prüfung statt. Hier müssen folgende Dinge bearbeitet werden:

- Mündliche Übersetzung von Auszügen aus wirtschaftlichen Texten von Deutsch in die Fremdsprache
- Mündliche Übersetzung von Auszügen aus wirtschaftlichen Texten von der Fremdsprache ins

Deutsche

- Gespräch in der Fremdsprache über ein wirtschaftliches Thema

Konkret sieht dies folgendermaßen aus:

In der mündlichen Prüfung sind zunächst die beiden deutschsprachigen Texte ins Englische zu übersetzen. Dafür erhält man etwa zehn Minuten Zeit für die Vorbereitung. Notizen darf man sich allerdings keine machen. Die Zeit reicht völlig aus. Anschließend trägt man diese vor dem dreiköpfigen Prüfungsausschuss vor.

Es folgt ein Gespräch in englischer Sprache über ein wirtschaftliches Thema, welches man selbst bestimmen kann. Ich hatte etwas über die wirtschaftlichen Folgen des Brexits vorbereitet. Der Prüfer wollte hinterher auch noch über ein weiteres Thema sprechen, aber ich würde sagen, dass hier genau wie beim Aufsatz in der schriftlichen Prüfung ein gutes Allgemeinwissen ausreichend ist.

Zum Schluss müssen noch zwei englische Texte ins Deutsche übersetzt werden.

Besonders positiv ist mir aufgefallen, dass die Prüfer durchaus bedenken, dass man nervös ist und deshalb auch mal stammelt oder sich verbessert. Die Note erfährt man direkt nach einer kurzen Beratung des Prüfungsausschusses.

Die Kosten für die Teilnahme an der Prüfung belaufen sich an der IHK Dortmund auf 300 €. Weitere Informationen zur Prüfung an der IHK Dortmund finden Sie unter http://www.dortmund.ihk24.de/bildung/fortbildungspruefungen/Wegweiser_Fortbildungspruefungen/import/Gepruefter_Uebersetzer Gepruefte_Uebersetzerin/317920 und eine **vollständige Liste der IHK-Standorte**, die die Übersetzerprüfung anbieten, ist auf der Seite des BDÜ (http://www.bdue.de/de/der-beruf/wege-zum-beruf/ihk-pruefung/) zu finden.

Wie eingangs schon gesagt, hängt die Entscheidung, welche Prüfung man ablegen sollte, davon ab, in welchen Bereichen man übersetzen möchte. Dazu folgender Gedanke: Ein Kunde aus der Wirtschaft wird mehr Wert auf die wirtschaftliche Qualifikation eines Übersetzers legen und die IHK ist eine anerkannte Institution in der deutschen Wirtschaft. Ein Kunde aus dem Recht- oder Verwaltungsbereich wird mehr Wert auf eine entsprechende Qualifikation des Übersetzers legen, weshalb er wohl einen staatlich geprüften Übersetzer bevorzugen wird.

Für diejenigen unter Ihnen, denen eine Entscheidung über die Fachrichtung und somit die für Sie richtige Prüfung vor Beginn der Fortbildung noch schwerfällt, habe ich einen Tipp: Machen Sie Ihre Fortbildung dort, wo sie auf die staatliche Prüfung vorbereitet werden. Ein Wechsel der Prüfungsstelle zur IHK ist überhaupt kein Problem. Ich habe das genau auf diese Weise gemacht und der Wechsel war problemlos möglich. Ich habe der IHK Dortmund lediglich meinen Notenspiegel der AKAD sowie sämtliche Nachweise über meine Sprachkenntnisse zukommen lassen.

1.2 Praktische Erfahrung: Zeit im Ausland verbringen

Der beste Weg, seine eigenen Sprachkenntnisse zu verbessern, ist, Zeit im Ausland zu verbringen. Dabei ist eine Sprachreise zwar ein Anfang, aber bei weitem nicht ausreichend. Verbringt man hingegen mehrere Monate oder gar Jahre in dem Land, in dem die gewünschte Fremdsprache gesprochen wird, wird man schon bald feststellen, dass sich die eigenen Sprachkenntnisse fast wie von Geisterhand verbessern. Der Grund dafür ist leicht. Ist man unentwegt dieser Sprache ausgesetzt, lernt man sie wie ein Kind durch Hören und Nachahmen. Gespräche in der

Fremdsprache bewältigt man schon bald im Schlaf — man träumt sogar manchmal in der Fremdsprache, weil das Gehirn permanent damit beschäftigt ist, die Eindrücke, die nun mal in der Fremdsprache gewonnen werden, zu verarbeiten. Ideal ist es natürlich auch, wenn man die Gelegenheit hat, auch dort zu arbeiten, vielleicht in einer Übersetzungsagentur. In den Ländern der EU ist dies überhaupt kein Problem, da man keine Green Card oder Arbeitserlaubnis benötigt. Wie es jetzt nach dem Brexit in dieser Hinsicht wird, muss man abwarten. Möchte man hingegen in die USA oder nach Kanada, wird es schon schwerer, aber vielleicht haben Sie in Ihrer jetzigen Firma ja die Möglichkeit, diese Erfahrung zu sammeln. Es ist allerdings ratsam, sich bereits vor Umzug in das entsprechende Land einen Job zu suchen, da die soziale Sicherheit in anderen EU-Ländern nicht unbedingt so gegeben ist wie in Deutschland.

Doch auch ohne Job darf ein Europäer bis zu drei Monate mit einem Besuchervisum in den USA oder Kanada verbleiben. Das ist zwar nicht sehr viel Zeit, wenn diese jedoch richtig genutzt wird, kann auch sie schon ziemlich wirksam sein.

Man lernt allerdings nicht nur die Sprache des jeweiligen anderen Landes besonders gut, man gewinnt durch den Auslandsaufenthalt auch wertvolle Einblicke in die Kultur und die Besonderheiten des Landes. Diese Erfahrungen sind von unschätzbarem Wert beim Übersetzen, da sie häufig den Ton eines Textes ausmachen. Um diesen richtig zu interpretieren und auf seine Muttersprache anzuwenden, muss man sich mit den kulturellen Gegebenheiten beider Länder auskennen.

1.3 Arbeit in Übersetzungsagenturen

Ein toller Weg, den Einstieg in den Beruf des Übersetzers

zu finden, ist ebenfalls die Arbeit in einer Übersetzungsagentur. Verabschieden Sie sich aber zunächst von der allgemein gültigen Vorstellung, dass dort in einem riesigen Büro Menschen unterschiedlichster Nationen sitzen und den ganzen Tag Dokumente von einer Sprache in die andere übersetzen. So funktionieren nur die wenigsten Übersetzungsagenturen, und selbst die, die fest angestellte Übersetzer haben, kommen nur selten ohne die Zusammenarbeit mit uns Freiberuflern aus.

Die Arbeit in einer Agentur läuft in etwa so ab:

Eine Firma oder Privatperson möchte ein Dokument in eine oder mehrere andere Sprachen übersetzt haben. Die dafür zuständige Person sucht im Internet nach Übersetzungen in die entsprechende Sprache oder Sprachen. Dabei wird sie wohl in erster Linie auf große Übersetzungsbüros stoßen, die damit werben, alle Fachgebiete und sämtliche Sprachen abzudecken. Die Person denkt wohl: „Super! Ich gebe mein Dokument in die Hände eines solchen Büros und bekomme meine fertigen Übersetzungen nach einer bestimmten Zeit geliefert. Ich brauche mich um nichts mehr zu kümmern." Deshalb kontaktiert sie die Agentur und lässt sich von dem Projektmanager oder dem Marketingteam einen Kostenvoranschlag geben. Ist sie damit einverstanden, erteilt sie dieser Agentur wohl den Auftrag. Dieser landet dann auf dem Schreibtisch eines Projektmanagers, der fortan dafür verantwortlich ist, das Dokument in die entsprechenden Sprachen übersetzen zu lassen, und zwar innerhalb des Budgets, welches durch den Kostenvoranschlag abgedeckt wird. Der Projektmanager kontaktiert freiberufliche Übersetzer aus seiner Datenbank und sorgt so dafür, dass die Übersetzung innerhalb der dem Kunden versprochenen Frist erledigt wird. Häufig kontaktiert er gleichzeitig einen zweiten Übersetzer für jede Sprache, der die Übersetzung noch einmal Korrektur liest. Möglicherweise erfolgt anschließend noch das Formatieren des übersetzten Textes in ein bestimmtes Layout, wenn der Kunde zum Beispiel einen Flyer übersetzt haben will, oder die notarielle Beglaubigung, wenn es sich um ein offizielles Dokument wie zum Beispiel eine

Heiratsurkunde handelt. Anschließend sendet der Projektmanager die fertige Übersetzung zurück an den Kunden und stellt diesem eine Rechnung aus. Größere Agenturen haben vielleicht eine Finanzabteilung, die sich darum kümmert und auch darum, dass der Übersetzer sein Geld für seine Dienstleistung bekommt.

Machen wir uns nichts vor. Der Beruf des Projektmanagers in einer Übersetzungsagentur ist ein stressiger, selbst wenn er sich um Kundenakquise und Buchhaltung nicht auch noch selbst kümmern muss (was ich in meinem ersten Job als Projektmanagerin in einer zwar groß wirkenden, aber eigentlich aus dem Chef, seiner Ehefrau und mir bestehenden Agentur musste). ABER: Eine solche Arbeit gibt einem zukünftigen Übersetzer ein gutes Gespür für die Arbeitsabläufe, die am anderen Ende der Email stattfinden, denn die allermeisten Aufträge wird er von genau solchen Übersetzungsagenturen erhalten. Das Beispiel vorhin macht es ja bereits deutlich. Sein Dokument an eine Agentur zu geben, ist viel leichter, als für jede Sprache selbst einen Übersetzer finden zu müssen. Deshalb ist es durchaus sinnvoll, diese Arbeit für einen gewissen Zeitraum zu erledigen, um Erfahrungen zu sammeln.

In einer Übersetzungsagentur als Projektmanager oder auch als Assistent eines Projektmanagers zu arbeiten, bringt zwei große Gewinne mit sich. Zum einen hat man häufig die Möglichkeit, Erfahrungen auch beim Übersetzen zu sammeln, da man natürlich auch sich selbst einen Auftrag geben kann. Das bedeutet zwar, dass man dann abends noch am PC sitzt und die Übersetzung in seiner Freizeit anfertigt, aber diese „Überstunden" lohnen sich, da man sie anschließend als Erfahrung bzw. Referenz in seinen Translator's CV mit aufnehmen kann. Zum anderen landet man möglicherweise selbst in der Datenbank der freiberuflichen Übersetzer und der ehemalige Arbeitgeber wird zum Kunden. Eingangs habe ich ja erzählt, dass ich selbst in zwei Firmen gearbeitet habe. Beide Firmen gehören jetzt zu meinen besten Kunden.

Kapitel 2 - Aller Anfang ist schwer

Okay, der Tag, an dem Sie Ihre Karriere als freiberuflicher Übersetzer starten wollen, ist nun gekommen. Doch wie geht es weiter?

Zunächst — und das ist etwas, was Sie wirklich mit als erstes machen sollten — müssen Sie Ihrem zuständigen Finanzamt Ihre Freiberuflichkeit melden. Dabei ist ganz wichtig zu wissen, dass Sie kein Gewerbe betreiben, sondern eine Dienstleistung erbringen wie zum Beispiel ein Hausarzt oder Anwalt. Daher wäre es der falsche Weg, ein Gewerbe anzumelden und Gewerbesteuer zahlen zu müssen.

Wie melde ich meine Freiberuflichkeit dem Finanzamt? Als ich Ende 2010 so weit war, mich hier in Deutschland als freiberufliche Übersetzerin zu melden, war es noch der beste Weg, dem zuständigen Finanzamt einen Brief zu schreiben, in dem ich ihnen mitteilte, dass ich ab dem 1. Januar 2011 als freiberufliche Übersetzerin tätig sei. Heute gebe ich den Begriff „Sprachdienstleistungen" an, wenn ich mit dem Finanzamt über meine Tätigkeit spreche. Nun tut sich aktuell eine Menge beim Finanzamt. Viele Dinge, die vor ein paar Jahren noch per Post erledigt werden mussten, können inzwischen online erledigt werden.

Damals reagierte das Finanzamt, indem es mir einen „Fragebogen zur steuerlichen Erfassung" schickte, den ich ausfüllen und zurücksenden musste, um meine Steuernummer zu erhalten. Ich habe die Anmeldung als Freiberufler einmal gegoogelt und festgestellt, dass man heute diesen Fragebogen auch online bekommen kann. Hier ist der Link zum Formularmanagement des Bundesfinanzministeriums: https://www.formulare-bfinv.de/ffw/content.do

Dieser Fragebogen muss noch immer ausgedruckt, handschriftlich ausgefüllt und anschließend per Post an das zuständige Finanzamt geschickt werden. Es ist bei der gegenwärtigen Entwicklung jedoch nicht unwahrscheinlich, dass dies bald komplett online möglich ist.

Die nächste Frage, die sich Ihnen wahrscheinlich stellt, ist die, ob Sie eine Umsatzsteuer-Identifikationsnummer beantragen müssen oder als sogenannter Kleinunternehmer arbeiten können.

Da ich mich direkt gegen den Status des Kleinunternehmers entschieden habe, weil es dort gesetzliche Vorschriften zur Umsatzhöhe gibt, stellte sich für mich eine wesentliche Frage gar nicht: Kann man überhaupt Kleinunternehmer sein, wenn die Kunden hauptsächlich im (EU-)Ausland sind? Bei der Recherche zu diesem Ratgeber bin ich auf folgende Aussage gestoßen: „Wenn Sie als Freiberufler für Unternehmer in EU-Staaten tätig werden, ist zusätzlich der formlose Antrag auf Erteilung einer Umsatzsteuer-Identifikationsnummer zu stellen.“ (Quelle: http://www.erfolg-als-freiberufler.de/Anmeldung-beim-Finanzamt.php) Dies kann jedoch komplett online erledigt werden (http://www.bzst.de/DE/Steuern_International/USt_Identifikationsnummer/USt_Identifikationsnummer_node.html). Sollten Sie beim Ausfüllen des Fragebogens zur steuerlichen Erfassung bereits angekreuzt haben, dass Sie eine Umsatzsteuer-Identifikationsnummer benötigen, sollte Ihnen auch diese ohne das Ausfüllen des zweiten Formulars zugesandt werden.

Umsatzsteuerpflichtig zu sein, bedeutet zwar mehr Arbeit in der Buchhaltung, bringt aber auch Vorteile mit sich. Gehen wir einmal davon aus, dass ein Großteil Ihrer Kunden im EU-Ausland sitzt, für die sie eh eine Umsatzsteuer-Identifikationsnummer benötigen. Wenn Sie ihnen Rechnungen schicken, brauchen Sie keine Umsatzsteuer zu berechnen. Nur Kunden, die aus

Deutschland kommen, müssen die Umsatzsteuer bezahlen. Auf der anderen Seite müssen Sie natürlich immer dann Umsatzsteuer bezahlen, wenn Sie Dinge für Ihr Büro einkaufen. Sei es nun der neue Computer oder auch nur Druckerpapier oder Kugelschreiber. Alles, was in irgendeiner Weise mit Ihrem Büro bzw. der Durchführung Ihres Jobs zu tun hat, ja, sogar Ihr neues Smartphone, das Sie ein Vermögen gekostet hat, kann bei der Umsatzsteuervoranmeldung geltend gemacht werden. Mit anderen Worten, Sie zahlen im Endeffekt nur noch den Nettobetrag Ihres Bürobedarfs, weil Sie die Umsatzsteuer in naher Zukunft erstattet bekommen. Weitere Informationen, wie dies genau funktioniert, finden Sie in Kapitel 5 - Das liebe Geld.

2.1 Das Konzept

Nachdem Sie nun Vater Staat gemeldet haben, dass Sie ab jetzt einen der freien Berufe ausüben werden, müssen Sie sich ein paar grundlegenden Dingen Ihres neuen Lebens als Unternehmer widmen.

Zunächst sollten Sie sich Gedanken um das Konzept Ihres Unternehmens machen. Hierbei soll gesagt sein, dass es keinen richtigen oder falschen Weg gibt, ein Konzept zu verfassen. Es beruht nicht selten auf den Erfahrungen des jeweiligen Übersetzers. Es ist eine Art Grundriss und beinhaltet unter anderem folgende Fragen:

- Wie komme ich an Kunden und wie vermarkte ich mich?
- Wie viel Arbeit schaffe ich an einem Tag? Kann ich damit überleben? Welche Einnahmen und Ausgaben sind absehbar?
- Wie sind meine Geschäftszeiten?

- Wie sind meine Zahlungsbedingungen?
- Wie sind meine Geschäftsbedingungen?

Diese Liste ist ergänzbar, aber wir kümmern uns zunächst um diese Punkte.

Wie komme ich an Kunden und wie vermarkte ich mich?

Der übliche Weg für freiberufliche Übersetzer erfolgt über das Internet. Dabei gibt es im Wesentlichen zwei Methoden, die sich ergänzen. Sie können Übersetzungsagenturen im In- und Ausland direkt kontaktieren oder Sie können sich bei zahlreichen Foren eintragen. Überlegen Sie beim Erstellen Ihres Konzepts, welche weiteren Möglichkeiten Sie haben, sich zu vermarkten, zum Beispiel eine eigene Website oder Facebookseite. Ich werde auf diese Frage im Folgenden immer wieder eingehen, weshalb ich an dieser Stelle nur den Hinweis gebe, dass Sie sie sich direkt zu Beginn Ihrer Karriere stellen sollten.

Wie viel Arbeit schaffe ich an einem Tag?

Wie viel Sie tatsächlich an einem Arbeitstag übersetzen können, hängt von der Textsorte, Ihrer Schreibgeschwindigkeit und Ihrer Arbeitstechnik ab. Es heißt, dass ein erfahrener Übersetzer durchschnittlich 3.000 Wörter am Tag schafft. Diese Rechnung ist meiner Erfahrung nach durchaus großzügig angelegt, aber vergessen Sie nicht, dass zu Ihrer Arbeit nicht nur das reine Übersetzen gehört, sondern auch die Korrektur und die gesamte Verwaltung, d.h. Email-Kontakt zu Kunden, Verhandlung über Deadlines und Preise, die Datenverarbeitung (also wo speichere ich die Datei, führe ich einen Kalender, in dem ich meine Jobs eintrage usw.?), die Rechnungsstellung, die Buchhaltung und so weiter.

Um seinen Arbeitstag aber sinnvoll zu planen, ohne ständig

Überstunden machen zu müssen, sollten Sie herausfinden, wie viel Sie durchschnittlich in einer Stunde übersetzen können, und das mit vier multiplizieren, wenn Sie für Ihren Job einen Arbeitstag von acht Stunden (ohne Pausen) veranschlagen. Wie genau sich das auf Ihren Tag auswirkt, verrate ich in Kapitel 4 - Übersetzen.

Als nächstes stellt sich die Frage, wie viel Sie idealerweise an einem Tag verdienen sollten, um Ihren Lebensunterhalt zu bestreiten. Legen Sie Ihren Preis jedoch anfangs nicht zu hoch an, weil Übersetzungsagenturen mit zunehmender Erfahrung auch bereit sind, mehr zu bezahlen. Nehmen Sie deshalb lieber in Kauf, anfangs weniger Geld zur Verfügung zu haben. Mehr dazu in diesem Kapitel unter Punkt 2.3.

Erstellen Sie eine Übersicht über Ihre zu erwartenden Einnahmen und Ausgaben und versuchen Sie anschließend, alles so gut wie möglich unter einen Hut zu bringen, d.h. legen Sie einen Preis für Ihre Übersetzungen fest, der einerseits nicht zu hoch ist, andererseits aber auch dazu beiträgt, dass Sie Ihre Kosten decken können, und überlegen Sie, welche anderen Möglichkeiten Sie zu Beginn Ihrer Karriere haben, um Geld zu verdienen. Mehr dazu in Kapitel 5 - Das liebe Geld.

Was sind meine Geschäftszeiten?

Wie viel Sie an einem Arbeitstag schaffen, hängt natürlich auch von Ihren Geschäftszeiten ab. Und die sollten Sie nicht unterschätzen.

Legen Sie, auch wenn Sie von zu Hause aus arbeiten, feste Geschäftszeiten fest, zu denen Sie für Ihre Kunden entweder am Computer oder per Handy erreichbar sind. Dies ist fair für Ihre Kunden, weil sie dann wissen, zu welchen Zeiten sie mit einer Antwort rechnen können, aber auch fair für Sie, damit Sie nicht den Druck verspüren, zu jeder Tag- und Nachtzeit auf Emails reagieren zu müssen. Bedenken Sie, dass Ihre Kunden möglicherweise in einer völlig anderen Zeitzone oder Kultur leben und sich somit Ihre Arbeitszeit von denen Ihrer Kunden unterscheiden kann.

Sich an die eigenen Geschäftszeiten zu halten, ist auch für Sie gerade dann sehr wichtig, wenn Sie von Ihrem heimischen Computer aus arbeiten, den Sie auch privat nutzen. Die Versuchung ist sonst sehr groß, einfach immer zu arbeiten, was auf Dauer zu Stress und gesundheitlichen Problemen führen kann, weil Sie dann nicht mehr in der Lage sein werden, abzuschalten. Vergleichen Sie nur einmal Ihren Tag mit dem eines klassischen Angestellten, der morgens zu einer bestimmten Zeit im Büro auftaucht, dann bis zu einer bestimmten Zeit arbeitet und nicht mehr darüber nachdenkt, sobald er das Büro verlassen hat. Genauso müssen Sie auch handeln, auch wenn Sie von zu Hause aus arbeiten.

Wie sind meine Zahlungsbedingungen?

Ganz wichtig für Ihre Buchhaltung und letztendlich Ihr Auskommen sind natürlich auch die eigenen Zahlungsbedingungen. Haben Sie dafür klare Regeln. Meistens müssen Rechnungen von Kunden innerhalb von dreißig Tagen beglichen werden. Es gibt jedoch Kunden, deren eigene Buchhaltung andere Zahlungsbedingungen erforderlich macht. Dies können fünfundvierzig oder gar sechzig Tage sein. Überlegen Sie sich bei solchen Kunden, ob Sie sich die verlängerte Zahlungsfrist leisten können. Das Positive ist, wenn eine längere Zahlungsfrist durch die Buchhaltung des Kunden erforderlich ist, wird sich dieser in Regel mit mehr Sorgfalt daran halten. Mit anderen Worten, Sie erhalten das Geld auch wirklich im genannten Zeitraum.

Überlegen Sie sich auch, ob Sie Agenturen oder auch anderen Unternehmen Kredit einräumen wollen, wenn Sie zum ersten Mal für diese arbeiten. Bei der Entscheidung, ob vielleicht ein Teil oder gar der gesamte Betrag als Vorauszahlung geleistet werden sollte, können Ihnen die Foren, die ich noch vorstellen werde, ebenfalls helfen. Es gibt dort oft Ratings der Kunden.

Privatpersonen sollten Sie **immer** vorab bezahlen.

Wie sind meine Geschäftsbedingungen?

Geschäftsbedingungen zu haben, hat sich für mich als sehr nützlich herausgestellt, weil sie sowohl mir als auch meinem Kunden eine klare Linie geben, wie der Job abzulaufen hat.

Zu Beginn werden Ihre Geschäftsbedingungen wahrscheinlich hauptsächlich aus den Punkten aus Ihrem Konzept bestehen. Im Laufe der Berufstätigkeit macht jeder von uns bestimmte Erfahrungen, positive wie auch negative, die sich dann in den Geschäftsbedingungen widerspiegeln. Aus diesem Grund sind sie auch nicht starr und müssen von Zeit zu Zeit aktualisiert werden.

Wahrscheinlich werden Sie einen Punkt zu Ihrer Haftung einfließen lassen. Sagen Sie, dass Sie die Übersetzungen immer nach bestem Wissen und Gewissen anfertigen, jedoch keine Haftung für eventuelle Fehler hierin übernehmen. Denken Sie daran, dass Sie die meisten Aufträge von Agenturen bekommen werden, die die Übersetzungen häufig von unabhängigen Übersetzern noch Korrektur lesen lassen. Dieser unabhängige Übersetzer könnte eventuell etwas ändern, was dann zu dem Fehler führt. Wollen Sie dafür wirklich haften?

Schicken Sie jedem neuen Kunden vor Annahme des ersten Auftrags Ihre Geschäftsbedingungen und lassen Sie sich schriftlich (z.B. per Email) bestätigen, dass diese auch gelesen und akzeptiert wurden. Aktualisieren Sie Ihre Geschäftsbedingungen, schicken Sie diese ruhig als Erinnerung an Kunden, mit denen Sie selten zu tun haben. Das Arbeitsverhältnis mit Ihren Stammkunden wird sich eingespielt haben, sodass sowohl Sie als auch Ihr Kunde genau wissen, wie der andere arbeitet.

Ich habe beispielsweise nach einer negativen Erfahrung mit einem Kunden, der eine unbezahlte, aber sehr umfangreiche Testübersetzung haben wollte, meine Geschäftsbedingungen dahingehend geändert, dass ich das Anfertigen von

Testübersetzungen durch mich darin festgelegt habe.

2.2 Der Translator's CV

Das wichtigste Marketing-Tool des Übersetzers ist der sogenannte Translator's CV. Aber auch wenn CV, also Curriculum Vitae, übersetzt Lebenslauf bedeutet, fertigen Sie um Gottes Willen jetzt keinen tabellarischen Lebenslauf an, als wollten Sie sich auf eine Stelle bei einer Firma bewerben! Das ist der wohl größte Fehler, den man als Anfänger in Sachen Kundenakquise machen kann, da solche Lebensläufe direkt aussortiert werden und Sie somit keine Chance haben, in den Datenbanken der Agenturen zu landen.

Warum ist das so?

Lassen Sie mich dies anhand eines Beispiels erklären. Stellen Sie sich vor, in Ihrer Wohngegend hat sich ein neuer Dachdeckerbetrieb niedergelassen. Der Dachdecker sucht natürlich nun nach neuen Kunden und verteilt in der Gegend Flyer, auf denen er mit seiner Dienstleistung wirbt. Auf diesem Flyer werden Sie wohl kaum eine tabellarische Auflistung seiner Ausbildung oder gar Schulbildung finden. Als erstes möchten Sie als potenzieller Kunde doch wissen, welchen Dienst er genau anbietet und was das kostet, oder? Vielleicht interessiert es Sie zu erfahren, für wen er bereits gearbeitet hat, falls es sich dabei beispielsweise um besonders kunstvolle Dächer handelt. Und natürlich wollen Sie wissen, wie Sie den Dachdecker kontaktieren können und ob er Meister oder Geselle ist. Er wird sicher ein Dachdeckermeister sein, um einen eigenen Betrieb zu haben, aber es schadet sicher nicht, wenn er dies noch einmal auf seinen Flyer vor oder hinter seinen Namen druckt. Ist der Flyer darüber hinaus logisch aufgebaut und gut strukturiert, erhöht sich die Wahrscheinlichkeit, dass Sie sich dann an ihn erinnern, wenn Sie einen Dachdecker benötigen.

Kommen wir zurück zu unserem Translator's CV.
Eine meiner Aufgaben in der ersten Agentur, in der ich gearbeitet habe, war die, potenzielle neue Freelancer zu rekrutieren. Daher weiß ich, worauf die Agenturen achten, wenn Sie entscheiden, ob ein Übersetzer in ihre Datenbank aufgenommen werden soll.

Beginnen Sie mit Ihrer Sprachkombination. In Ihrer ersten Zeile könnte in besonders großen Buchstaben beispielsweise stehen

Professional English - German translations

Bedenken Sie hierbei, dass Sie immer nur in Ihre Muttersprache übersetzen dürfen. Auch wenn Sie zehn Sprachen sprechen, so können die neun Fremdsprachen darunter immer nur als Ausgangssprachen dienen, wenn Sie sie nicht gerade bereits seit Ihrer Kindheit sprechen wie die Muttersprache. Darauf werde ich in Kapitel 4 - Übersetzen noch näher eingehen.

Als nächstes möchte die Agentur wissen, welche Dienstleistungen Sie anbieten und wie teuer diese sind. Schreiben Sie also beispielsweise:

Translation: x € / 1,000 words
Proofreading: y € / 1,000 words
Minimum Charge: z €

Preise für den Gebrauch von CAT Tools sind komplizierter zu berechnen, da sie von der Häufigkeit eines Terms im Dokument abhängig sind. Sie liegen aber in der Regel höher für 1.000 neue Wörter als der Preis, den Sie für die normale, nicht computergestützte Übersetzung nehmen. Aus diesem Grund würde ich höchstens einen Vermerk in den CV mit aufnehmen wie:

Rates for translations with CAT tool use available on request

Wie Sie auf einen guten Preis für Übersetzungen mit CAT Tools kommen, erkläre ich später noch einmal, wenn wir generell über CAT Tools sprechen.

Als nächstes möchte der Kunde wissen, welche Fachgebiete Sie übersetzen. Listen Sie also Ihre „*Subjects*" auf.

Wenn Sie schon Übersetzungen für bekannte Firmen angefertigt haben, können Sie diese Kundenliste ebenfalls in Ihren CV aufnehmen. Dabei kommt es nicht auf die Übersetzungsbüros, sondern auf den Endkunden an.

Erst anschließend kommen Ihre Kontaktdaten. Haben Sie eine der Prüfungen gemacht, können Sie Ihren Titel, z.B. „*Certified Translator*" hinter Ihren Namen schreiben.

Schließen Sie Ihren CV mit dem Vermerk „*References available on request*" ab. So kann der Kunde beispielsweise nachfragen, ob er Ihr Zeugnis sehen kann oder ähnliches. Mehr müssen Sie zu Ihrer Qualifikation nicht sagen. Erst, wenn Sie einige Jahre Erfahrung haben, sollten Sie dies auch in Ihren CV schreiben. Wörter wie „*Beginner*" liest ein Kunde natürlich nicht so gern.

Speichern Sie Ihren CV anschließend im PDF-Format. Dies wirkt professionell, kann von jedem Gerät problemlos geöffnet werden und niemand kann so leicht daran herummanipulieren.

Ein guter Translator's CV ist die Voraussetzung für eine erfolgreiche Kundenakquise. Nehmen Sie sich also ruhig die Zeit, ein gutes Marketing-Tool zu entwickeln. Es wird sich bezahlt machen. Genau wie bei den Geschäftsbedingungen gilt natürlich hier auch, dass er aktualisiert werden kann, z.B. wenn sich Ihre Preise oder angebotenen Dienstleistungen ändern oder Sie weitere interessante Kunden hinzufügen können.

2.3 Preisgestaltung

Wie viel man gerade am Anfang für welche Dienstleistung nimmt, gehört sicher zu den schwersten Fragen, die Sie beantworten müssen. Um den richtigen Preis zu finden, sollten Ihnen einige Dinge klar sein:

Am Anfang können Sie noch nicht mit einer beeindruckenden Kundenliste oder einer langen Liste an Referenzen punkten. Aus diesem Grund benötigen Sie ein anderes Lockmittel, das Agenturen dazu veranlasst, die Übersetzung ausgerechnet Ihnen zu geben. Ein niedriger Preis ist dabei ein gutes Lockmittel. Tarnen Sie dies jedoch so geschickt, dass man Ihnen Ihren Rookie-Status nicht anmerkt. Betiteln Sie Ihre Preise mit *„special reduced rates"* oder *„Special Offer"*. Sie können neue Kunden auch mit einem einmaligen Rabatt in einer bestimmten Höhe locken, z.B. *„Only this summer: 10 % discount for every new customer"*.

Haben Sie auf diese Art und Weise erst einmal ein paar Kunden angelockt, können Sie die Preise sukzessive erhöhen. Teilen Sie Ihren Kunden persönlich mit, dass das Angebot nun beendet ist und Sie wieder die eigentlichen Preise nehmen. Ändern Sie gleichzeitig die Preise in Ihrem CV, aber betiteln Sie diese ruhig solange als *„special offer"* oder *„reduced rates"*, bis Sie an den Preis Ihrer meisten Kollegen herankommen oder Ihnen der Preis zu hoch erscheint. Neue Kunden wissen ja nichts davon, dass Ihr alter Preis auch schon so besonders war.

→ Es gilt also: preiswert anfangen und mit steigender Erfahrung die Preise sukzessive anheben, wobei besondere

Rabattaktionen natürlich nach wie vor möglich sind.

Wahrscheinlich fragen Sie sich jetzt immer noch, wie viel Sie konkret nehmen sollen. Das müssen Sie natürlich selbst entscheiden, weil Sie am Ende mit dem Geld, das Sie einnehmen, auskommen müssen. Ich habe beispielsweise im ersten Jahr 45 Euro für 1.000 Wörter Übersetzung (Translation), 15 Euro für 1.000 Wörter Korrekturlesen (Proofreading) und einen Mindestbetrag (Minimum Charge) von 10 Euro genommen. Das bedeutet konkret, wenn Ihnen jemand ein Dokument gibt, das 875 Wörter enthält, rechnen Sie 875 geteilt durch 1.000 multipliziert mit 45 und bekommen einen Betrag von 39,38 €. Auf dieselbe Art und Weise wird der Preis für das Korrekturlesen errechnet. Ist die Wortzahl so gering, dass der Betrag unter 10 Euro fällt, tritt der Mindestbetrag in Kraft, der Kunde zahlt also 10 Euro für die Übersetzung.

Dann gibt es immer wieder Aufträge, die vor allem von Firmen aus Indien kommen, wo das Budget nicht so groß ist wie in den Industrienationen. Sie bieten oftmals nicht einmal 45 € für 1.000 Wörter. Schlagen Sie diese Angebote aber gerade zu Beginn nicht sofort aus. Die Inder haben oftmals auch Dokumente mit vielen Wörtern. Vielleicht rechnet sich der Job am Ende tatsächlich, vor allem, wenn Sie noch nicht allzu beschäftigt sind. Denken Sie daran, dass eine Maschine, die unter ihrem Wert produziert, am Ende immer noch mehr Geld bringt, als eine Maschine, die still liegt, weil keiner ihr Produkt zu dem Preis kauft bzw. nur in geringen Mengen.

Manche Agenturen bevorzugen das Rechnen mit Zeilen, d.h. sie wollen von Ihnen einen Preis pro übersetzter Zeile wissen. Da dies jedoch von Sprache und Thematik des Ausgangstextes abhängt, ist schwer zu sagen, wie viele Wörter im Schnitt in einer Zeile stehen. Es gibt zwar einige Hinweise, wie dann der

Zeilenpreis zu ermitteln ist, ich habe allerdings einen Vorschlag, der vielleicht leichter umzusetzen ist.

Lassen Sie sich den Text in Word schicken und ermitteln Sie so die Wortzahl und den Preis, den Sie dafür haben wollen, basierend auf Ihrer Rate für 1.000 Wörter, also 45 € in unserer Beispielrechnung. Geben Sie dem Kunden diesen Preis als Festpreis und erklären Sie, wie Sie ihn ermittelt haben. Wahrscheinlich wird Ihr Kunde dem Endkunden bereits einen Kostenvoranschlag geschickt haben, der auf der Anzahl der Zeilen basiert, und so erkennen, ob seine Marge groß genug ist, wenn er Sie mit der Übersetzung beauftragt.

Mein persönlicher Eindruck basierend auf meiner Berufserfahrung ist, dass Zeilenpreise relativ selten geworden sind. Ich persönlich bin noch keinem Kunden begegnet, der ausschließlich mit Zeilenpreisen rechnet. Für dies kann ich natürlich keine Gewähr geben, da die Aussage subjektiv ist.

2.4 Fachgebiete

Bei der Auswahl Ihrer Fachgebiete gibt es einige, die ratsam sind, in Ihrer Liste zu haben.

Dazu gehört auf jeden Fall der wirtschaftliche Bereich oder zumindest bestimmte Teilgebiete hieraus, z.B. Finanzwesen, Unternehmensführung. Besonders gut ist es auch, wenn man Übersetzungen im Gebiet des Marketing anfertigen kann, aber hierzu gehört ein gewisses Talent, Texte so zu formulieren, dass sie einen Kunden zum Kauf eines Produktes animieren. Es handelt sich immerhin um Werbung. Überlegen Sie sich also, für welchen Teilbereich Sie sich interessieren und daher eine gewisse Fachkenntnis mitbringen. Sollten Sie sich zuvor für die Prüfung an der IHK entschieden haben, sollten Sie für den Bereich Wirtschaft bestens gerüstet sein. Das gilt natürlich auch für diejenigen unter

Ihnen, die eine kaufmännische Ausbildung oder ein BWL-Studium abgeschlossen haben oder bereits in einem kaufmännischen Beruf gearbeitet haben.

Jeder Übersetzer sollte zudem eines der beiden folgenden Gebiete in seiner Liste haben: Medizin oder Recht.

Falls Sie mal ein paar Semester Medizin studiert haben oder eine Ausbildung in einem medizinischen Beruf abgeschlossen haben, sind Sie auf alle Fälle ein guter Kandidat für Übersetzungen in diesem Gebiet. Falls nicht, ist es in jedem Fall ratsam, das Gebiet Recht zu nehmen. Hierzu gehören neben komplizierten Gerichtsurteilen auch Verträge (die ebenfalls in den Bereich „Wirtschaft" fallen), Verwaltungsdokumente, Patente, aber auch Urkunden und Zertifikate aller Art. Während Medizin sehr viel eigenes Wissen voraussetzt, kann man das sogenannte „Juristendeutsch" lernen, ebenso Techniken, mit denen sich Verträge, die oft aus sehr komplexen Satzgefügen bestehen, relativ leicht und systematisch übersetzen lassen. Üben Sie dies, bis Sie sich sicher genug fühlen, um Übersetzungen aus dem juristischen Bereich anbieten zu können.

Da in der heutigen Zeit fast nichts mehr ohne den Computer geht, ist der Bereich IT auch sehr gefragt. Es ist deshalb ratsam, sich hier entsprechend zu bilden. Dafür müssen Sie kein Programmierer sein. Sie könnten aber Computermagazine in Ihren Sprachen lesen, um mit der Ausdrucksweise vertraut zu werden. Stellen Sie sich in diesem Bereich vor allem die Frage: Was wird tatsächlich übersetzt oder wofür gibt es einen deutschen Fachausdruck und was bleibt Englisch?

Fügen Sie nun noch Fachgebiete hinzu, die sich mit Ihren Hobbys oder Interessen decken oder aus denen Sie Personen kennen. Wenn Sie beispielsweise einen Freund aus dem IT-Bereich haben, selbst aber nicht über genügend Kenntnisse verfügen, können Sie die Übersetzung Ihrem Freund zur Korrektur geben. Dabei soll er nicht Ihren Stil, Grammatik oder

Rechtschreibung korrigieren müssen, sondern sich in erster Linie auf die Fachtermini konzentrieren.

Wenn Sie ein Hobby oder Interesse haben, eignet sich dieses natürlich auch prima als Fachgebiet. Da ich beispielsweise selbst auch Romane veröffentliche, habe ich als eines meiner Fachgebiete Literatur ausgewählt.

2.5 Foren

Foren sind Internetseiten, auf denen Sie Ihre Dienste als Übersetzer anbieten und so an neue Kunden kommen können. Dabei gibt es in der Regel zwei unterschiedliche Formen der Mitgliedschaft, die die Foren anbieten: die kostenlose und die bezahlte. Eine kostenlose Mitgliedschaft lohnt sich auf jeden Fall immer. Man wird dabei von den Suchmaschinen, also von potenziellen Kunden, gefunden und über die meisten Jobs informiert, sofern man dies eingestellt hat.

Translators Cafe und ProZ:

Zwei Foren machen von Anfang an Sinn. Diese sind international, bieten sowohl eine kostenlose als auch eine kostenpflichtige Mitgliedschaft und heißen *Translators Cafe* (Website: https://www.translatorscafe.com/cafe/default.asp) und *ProZ* (Website: http://www.proz.com/). Beide bieten neben der Sichtbarkeit für mögliche Kunden und dem Benachrichtigungsdienst, wenn Kunden neue Jobs posten, auch nützliche Informationen. Besonders der Informationsaustausch mit anderen Übersetzern auf *ProZ* ist von großem Wert. Auch wenn Sie eine Anfrage eines Kunden bekommen und nicht sicher sind, ob dieser Kunde seriös ist, können Sie im Forum nachsehen, ob andere Übersetzer bereits Erfahrungen mit ihm gemacht und diese geteilt haben. Falls der Kunde nicht seriös ist, werden sie es sehr wahrscheinlich gemacht haben. Weitere Informationen hierzu finden Sie in Kapitel 4 - Übersetzen.

Überlegung zu persönlichen Daten, die ins Netz gestellt werden:

Doch welche Informationen gibt man dort am besten von sich preis? Immerhin handelt es sich um öffentliche Foren, die sich zwar an seriöse Kunden richten, auf die jedoch auch jeder Zugriff hat. Besonders die für seriöse Kunden sehr nützliche Funktion der Verfügbarkeitsanzeige könnte natürlich von Kriminellen ausgenutzt werden. Aus diesem Grund überlegen Sie sich, ob Sie Ihre gesamten Kontaktdaten für jedermann öffentlich anzeigen möchten. Eine Emailadresse reicht, vielleicht noch die Handynummer und die Stadt, in der man wohnt, doch ansonsten ist bei den gegenwärtig in Deutschland steigenden Einbruchszahlen vielleicht doch eher Vorsicht geboten. Die Wahrscheinlichkeit, dass Einbrecher ausgerechnet über diesen Weg versuchen herauszufinden, ob man daheim ist oder nicht, ist natürlich sehr gering, aber auch in anderen sozialen Netzwerken wird davor gewarnt, zu viele Informationen öffentlich zugänglich zu machen.

BDÜ — Ja oder Nein?

Der *Bundesverband der Dolmetscher und Übersetzer e.V.* — kurz BDÜ — (Website: http://www.bdue.de/der-bdue/) ist die Anlaufstelle für Kunden und Sprachexperten aus Deutschland. Der Kunde, der hier nach einem Übersetzer sucht, hat die Garantie, einen ausgebildeten Sprachexperten zu finden, da eine entsprechende Prüfung vorausgesetzt wird. Auch als Student der Übersetzungslehre kann man bereits dem BDÜ beitreten, bekommt dann dort auch eine entsprechende Bezeichnung. Ein professioneller Übersetzer kann für einen Jahresbeitrag von 200 € dort volles Mitglied werden und sicher auch so an Aufträge kommen. Wie hoch der Betrag ist, wird nicht gesagt, ich habe es durch einen Anruf erfahren. Dort wurde mir auch gesagt, dass eine einmalige Aufnahmegebühr in Höhe von 75 € anfällt, allerdings wird im ersten Jahr der Jahresbeitrag nur anteilig berechnet. Das wäre für mich persönlich ein Grund, mir einen Beitritt anfangs genau zu überlegen.

Wer gern Literatur übersetzen will, kann auch Kandidat im VdÜ werden, dem *Verband deutschsprachiger Übersetzer literarischer und wissenschaftlicher Werke* (Website: http://www.literaturuebersetzer.de/). Innerhalb von zwei Jahren muss eine Literaturübersetzung veröffentlicht oder vertraglich vereinbart sein, woraufhin sich der Status in eine volle Mitgliedschaft ändert.

Weitere Foren:

Das britische Pendant zum BDÜ ist das *Institute of Translation and Interpreting*, kurz ITI (Website: http://www.iti.org.uk/). Das amerikanische Pendant ist die *American Translators Association* ATA (Website: https://www.atanet.org/) Grundsätzlich besteht wohl die Möglichkeit, bei beiden auch dann Mitglied werden, wenn man nicht im entsprechenden Land lebt. Wie genau die Bedingungen sind, müssten Sie recherchieren.

Außerdem gibt es in Großbritannien noch die „kleine Schwester" des ITI mit dem Kürzel CIOL, das für *Chartered Institute of Linguists* steht (Website: https://www.ciol.org.uk/). Hier sind wohl die Aufnahmebedingungen weniger schwer zu erreichen.

Sind Sie an einer Mitgliedschaft oder weiteren Informationen zu den ausländischen Foren interessiert, dann besuchen Sie am besten deren Websites, die ich Ihnen jeweils genannt habe. Bei der Abwägung, ob Sie lieber dem CIOL oder ITI beitreten sollen, könnte folgender Artikel interessant sein, der auf ProZ erschienen ist:

http://www.proz.com/forum/translators_associations/29683-which_is_better_iti_or_iol.html.

Kapitel 3 - An Aufträge kommen

3.1 Job- und Kundenakquise

Sie haben nun die Übersetzungstechniken gelernt und eine Prüfung abgelegt. Sie haben sich beim Finanzamt als Freiberufler angemeldet und ein Konzept entwickelt. Sie haben einen CV erstellt, Preise und Fachgebiete festgelegt und sich bei Foren angemeldet. Nun sitzen Sie an Ihrem Schreibtisch und sind bereit, loszulegen, doch woher kommen die ersten Aufträge?

Grundsätzlich gibt es zwei Möglichkeiten, potenzielle Kunden auf sich aufmerksam zu machen.

Agenturen:

Die längsten und stabilsten Geschäftsbeziehungen hat man, wenn man Übersetzungsagenturen direkt anspricht. Dazu starten Sie doch mal eine Internetsuche mit den Begriffen *„professional English to German translation"*. Wahrscheinlich wird Google Ihnen eine ganze Reihe an Übersetzungsagenturen ausspucken, die ihren Kunden diese Sprachkombination anbieten. Klicken Sie auf eine der Websites. Meistens gibt es irgendwo dort einen Tab, unter dem Sie Informationen finden, wie Sie sich als Übersetzer bei dieser Agentur registrieren können. Folgen Sie den Anweisungen und führen Sie eine Liste der Agenturen, die Sie kontaktiert haben. So können Sie sie erneut kontaktieren und an Ihre Dienste erinnern.

Es macht am meisten Sinn, sich auf Agenturen zu

beschränken, die im Land der Muttersprache, also zum Beispiel Deutschland, oder im Land der Fremdsprache(n) sitzen. Für Englisch-Deutsch Übersetzer heißt das beispielsweise Agenturen in Deutschland, Großbritannien, Irland, USA, Australien, Südafrika usw.

<u>Aufträge über Foren erhalten:</u>

Natürlich reagieren die Agenturen nicht umgehend und schicken Ihnen Aufträge. Bis es so weit ist, brauchen Sie aber nicht untätig herumzusitzen und zu warten. Potenzielle Kunden posten ihre Aufträge auch auf Foren wie *Translators Cafe* und *ProZ* und warten darauf, dass Übersetzer sich bei ihnen melden und ihnen Angebote machen. Sie können auch eine automatische Benachrichtigung über mögliche Aufträge in Ihrer Sprachkombination einstellen. So werden Sie per Email benachrichtigt, wenn Kunden Aufträge gepostet haben, die auf Ihre eigenen Einstellungen zutreffen.

Wenn Sie auf einen solchen Post reagieren, schicken Sie der Agentur doch direkt Ihren Translators CV mit und fügen Sie sie zu Ihrer Liste hinzu. Auch wenn man Ihnen den aktuellen Auftrag nicht gibt, so haben Sie vielleicht auf diese Art die Chance, wenigstens in die Datenbank der Agentur aufgenommen zu werden.

3.2 Kundenliste

Sie können Ihren Kundenstamm auch erweitern, indem Sie eine Liste der Kunden in Ihren Translators CV aufnehmen, für die Sie Übersetzungen gemacht haben. Und dabei nützt es nichts, den Namen der Agentur zu nennen, die Ihnen den Auftrag gegeben hat.

Interessanter ist, wer deren Kunde bzw. die Firma ist, für die die Übersetzung letztendlich bestimmt ist. Wer dies ist, können sie oft am Text erkennen. Wenn zum Beispiel jedes zweite Wort im Text „Vodafone" ist, dann können Sie davon ausgehen, dass Vodafone Ihrem Kunden den Auftrag gegeben hat und dass das Dokument am Ende für diese Firma bestimmt ist. Sie können also Vodafone in Ihre Kundenliste aufnehmen, ohne auch nur ein Wort mit einem Angestellten von Vodafone über Ihre Übersetzung gewechselt zu haben.

Die Firmen benötigen ihre Dokumente meist in vielen unterschiedlichen Sprachen und haben keine Zeit und Lust, für jede Sprache selbst den geeigneten Übersetzer zu finden. Daher gehen sie zu Agenturen, die sich um all das kümmern. Aus diesem Grund werden Sie wohl auch nur äußerst selten einen Auftrag direkt vom Endkunden bekommen. Ich habe dies in den sechs Jahren, die ich nun als freiberufliche Übersetzerin tätig bin, nur einmal erlebt.

3.3 Marketing

Gerade am Anfang ist das Marketing von großer Bedeutung, denn Sie müssen so viele Kunden wie möglich gewinnen. Die Chancen, mit Kunden, für die Sie ein oder zwei Übersetzungen angefertigt haben, eine langfristige Geschäftsbeziehung aufzubauen, sind recht gering. Aus diesem Grund ist es wichtig, so viele potenzielle Kunden wie möglich zu bekommen.

Wie kann man dies erreichen? Erinnern Sie sich an die Liste der Agenturen, die Sie nach einer Google-Suche oder durch einen Post auf einem der Foren kontaktiert haben? Wenn sich die Agenturen nach spätestens vier Wochen noch nicht gemeldet haben, nicht einmal mit einer kurzen Email, um den Erhalt Ihres CVs zu bestätigen, kontaktieren Sie sie erneut. Gehen Sie ihnen ruhig so lange auf die Nerven, bis Sie eine Reaktion erhalten. Denken Sie doch einmal daran, wie hartnäckig manche Firmen versuchen, Sie als Kunde zu gewinnen. Machen Sie es genauso! Dabei müssen Sie nicht jedes Mal Ihren Translators CV mitschicken. Schreiben Sie ruhig eine allgemeine Email, dass Sie sich freuen würden, in ihre Datenbank aufgenommen zu werden.

Aber nicht nur die direkte Werbung, sondern auch eine gute Internetpräsenz sind von unschätzbarem Wert.

Eine eigene Website gilt als moderne Visitenkarte im Netz. Denken Sie zurück an die Agenturen, die Sie nach Ihrer Google-Suche kontaktiert haben. Gab es da Websites, die Ihnen besonders gut gefallen haben? Oder welche, die einen seriösen Eindruck der Agentur vermittelt haben? Schauen Sie sich aber auch Websites von anderen Firmen an und notieren Sie sich, was Ihnen gefallen hat. Bauen Sie anhand dieser Notizen Ihre eigene Website auf. Dabei ist es nicht nötig, viel Geld für einen Webdesigner auszugeben. Die meisten Hosting-Dienstleister bieten einen sogenannten Homepage-Baukasten, mit dem Sie auch ohne Vorkenntnisse ganz leicht eine professionell aussehende Website erstellen können. Der Hosting-Dienstleister Jimdo (Website: http://de.jimdo.com/) bietet bereits kostenlose Subdomains an, die für den Anfang vielleicht ausreichend sind. Ein anderer Dienstleister ist One (Website: http://www.one.com), der für einen geringen Jahresbeitrag ein umfassendes Programm an Leistungen bietet, unter anderem einen Homepage-Baukasten, einen Blog und Email-Adressen mit Ihrer eigenen Domain.

Eine Email-Adresse, die Ihren eigenen Domainnamen enthält, wirkt professionell. Außerdem können Sie auch weitere Email-Adressen erstellen, zum Beispiel für Ihre Rechnungen oder die Zahlungen über Paypal oder Moneybookers (auch bekannt unter Skrill).

Erstellen Sie eine Facebook-Seite. Sicher haben Sie schon festgestellt, dass alle möglichen Unternehmen eine eigene Seite in diesem sozialen Netzwerk haben. Warum nicht auch Sie? Sagen Sie, was für eine Art von Unternehmen Sie haben und wie Kunden Sie kontaktieren können. Sie müssen nicht alles posten, was Sie gerade machen. Denken Sie auch daran, dass Sie, wenn Sie über eine aktuelle Arbeit schreiben, nur vollkommen allgemein ohne das Nennen von Namen oder Daten schreiben dürfen. Auf diese Art und Weise können Sie aber möglichen neuen Kunden mitteilen, wann Sie erreichbar sind oder wenn Sie einen neuen Dienst anbieten können. Ich habe beispielsweise auf meiner Facebook-Seite angekündigt, dass ich diesen Ratgeber schreiben werde, und werde meine Fans natürlich darüber auch auf dem Laufenden halten. Dasselbe gilt für einen Twitter-Account. Wenn Sie ein Freund der Kurzmitteilungen sind, posten Sie diese doch ruhig auf Twitter. Die Foren haben ebenfalls Twitter und Facebook und posten einige sehr interessante Informationen, von denen garantiert auch Sie profitieren können.

Noch eine Sache zur Facebook-Seite oder Twitter als Marketing-Tool: Aktivieren Sie ruhig die Funktionen, dass Kunden Sie über diese Social Networks per Nachricht kontaktieren können, nehmen Sie jedoch niemals Aufträge an, die Ihnen jemand direkt über Facebook oder Twitter schicken will. Schreiben Sie Ihre berufliche Email-Adresse gut sichtbar in die Info auf Ihrer Seite und geben Sie Leuten, die Ihnen über Facebook oder Twitter Aufträge geben wollen, die Email-Adresse noch einmal direkt in der Nachricht. Die Chancen stehen gut, dass sie diese Info einfach übersehen haben. Wenn sie wirklich daran interessiert sind, mit Ihnen zusammenzuarbeiten, werden sie sich die Mühe machen und Sie auch noch per Mail kontaktieren.

Es gibt inzwischen ja auch noch andere Social Networks. Wenn Sie sich beispielsweise gut mit Google Plus auskennen, dann machen Sie auch dort Werbung. Google hat sogar eine Möglichkeit für Unternehmen, sich einzutragen, und wirbt gleichzeitig mit einer Suchmaschinenoptimierung. Vielleicht lohnt sich auch ein Account bei LinkedIn, aber bedenken Sie hier, dass dies mehr zum Netzwerken mit anderen im gleichen Berufsfeld gedacht ist und weniger als Marketing-Tool.

Kapitel 4 - Übersetzen

4.1 Das Muttersprachenprinzip

Etwas, bei dem in der Ausbildung oft ein falscher Eindruck entsteht, ist das Muttersprachenprinzip. Dies bedeutet nichts anderes, als dass Sie bitte ausschließlich in Ihre Muttersprache übersetzen. Die einzigen Dokumente, die Sie vielleicht auch in die Fremdsprache übersetzen sollten, sind Standarddokumente wie Geburtsurkunden, aber auch nur dann, wenn Sie eine Vorlage von einem Muttersprachler haben. Ganz gleich, wie viele Sprachen Sie sprechen und in wie vielen Sprachen Sie vielleicht auch Prüfungen abgelegt haben, all diese Sprachen dürfen immer nur Ihre Ausgangssprache sein. Die einzige Ausnahme bilden diejenigen unter Ihnen, die seit frühem Kindesalter zweisprachig aufgewachsen sind.

Der Grund dafür ist sicher naheliegend. Sie werden in der Fremdsprache niemals so flüssig und fehlerfrei schreiben können wie in Ihrer Muttersprache. Selbst ich, die sechs Jahre in London gelebt und gearbeitet hat, maße mir nicht an zu behaupten, dass ich genauso gut einen englischen Text schreiben kann wie ein Brite oder Amerikaner.

Warum man während der Ausbildung und in der Prüfung in beide Richtungen übersetzen muss, ist mir nicht ganz klar. Ich könnte mir vorstellen, dass so geprüft werden soll, ob Sie die Fremdsprache sehr gut beherrschen, allerdings bin ich nicht sicher.

4.2 Den Auftrag prüfen

Sie haben also endlich einen Auftrag erhalten und wollen sich voller Begeisterung an die Arbeit machen. Aber bevor Sie loslegen, sollten Sie noch einige Dinge beachten:

- Kann ich dem Kunden trauen?
- Wie plane ich meine Zeit und mögliche weitere Aufträge am besten?
- Was mache ich, wenn der Kunde die Übersetzung dringend benötigt?
- Wann ist es am besten, einen Auftrag abzulehnen?

Mit diesen Fragen werde ich mich in den nächsten Abschnitten beschäftigen.

4.2.1 Den Kunden prüfen

In Ihrem eigenen Interesse bedenken Sie bitte, dass nicht jeder Kunde seriös ist. Warum es auch in diesem Business schwarze Schafe gibt? Die Frage ist schwer zu beantworten. In den meisten Fällen handelt es sich bei unseriösen Kunden um solche, die keine Vorstellung davon haben, wie lange es dauert, eine professionelle Übersetzung anzufertigen und sich entsprechend auch nicht aufklären lassen wollen, oder um solche, die sich die Übersetzung nicht leisten können und deshalb später bei der Bezahlung Ihrer Rechnung Probleme machen.

Auch wenn dies natürlich im Vorfeld nicht immer ganz leicht festzustellen ist, gibt es ein paar Möglichkeiten, den Kunden zu überprüfen, bevor Sie den Auftrag annehmen.

- ✔ Prüfen Sie die Email-Adresse Ihres Kunden. Deutet diese darauf hin, dass der Kunde eine eigene Website hat, oder handelt es sich dabei um einen der bekannten Provider wie zum Beispiel Hotmail, Gmail etc.? Der Domainname in der Email-Adresse ist in der Regel schon einmal ein gutes Zeichen.
- ✔ Beinhaltet die Email-Adresse eine Domain, können Sie auf diese Art und Weise auf die Website zugreifen. Sieht diese professionell aus und bietet weitere Informationen über den Kunden?
- ✔ Googeln Sie ruhig den Firmennamen Ihres Kunden. Vielleicht gibt es Erfahrungen anderer Leute, die mit der Firma zu tun hatten. Wenn es sich um eine Übersetzungsagentur handelt, ist es gut möglich, dass Sie in den bekannten Foren Erfahrungsberichte anderer Übersetzer finden, besonders wenn diese schlechte Erfahrungen mit dem Kunden gemacht haben.
- ✔ Ist der Auftrag in der gegebenen Zeit zu schaffen? Sie haben ja bereits herausgefunden, wie viele Wörter Sie im Schnitt an einem Tag schaffen. Rechnen Sie aus, ob Sie es überhaupt schaffen, eine professionelle Übersetzung in der gegebenen Zeit anzufertigen und auch noch genügend Zeit haben, diese Korrektur zu lesen. Bedenken Sie dabei, dass Sie die eigene Korrektur nicht unmittelbar an die Übersetzung anschließen dürfen, weil Sie zunächst ein wenig Abstand gewinnen müssen. Anderenfalls sind Sie „betriebsblind“. Falls Sie Ihre Übersetzungen grundsätzlich von einem Kollegen Korrektur lesen lassen, planen Sie mit dem Kollegen zusammen diese Zeit ebenfalls ein, bevor Sie den Auftrag annehmen. — Manchmal können Sie aber

schon in der Email des Kunden sehen, dass die Deadline und die Wortzahl nicht zusammenpassen. Wenn zum Beispiel jemand einen Text mit 150.000 Wörtern in nur drei Tagen (am liebsten noch übers Wochenende) übersetzt haben will, ist das vollkommen unmöglich. Diese Anfrage verdient keine weitere Beachtung.

- ✔ Häufig bieten Kunden einen Preis an, den sie zahlen können und der in ihrem Budget für die Übersetzung enthalten ist. Ist es Ihnen möglich, zu diesen Konditionen zu arbeiten?

Doch selbst, wenn Sie nicht alle der oben genannten Fragen mit Ja beantworten können, heißt das nicht automatisch, dass Sie den Auftrag gar nicht annehmen dürfen.

- ➔ Sie könnten beispielsweise um eine Verlängerung der Deadline bitten, wenn die veranschlagte Zeit nicht ausreicht. Erklären Sie Ihrem Kunden in dem Fall, dass eine professionelle Übersetzung ihre Zeit braucht, um von guter Qualität zu sein. Vielleicht ist ihm dies einfach nicht bewusst und er kann Ihnen die benötigte Zeit geben, wenn ihm die Qualität wichtig ist. Erklären Sie ihm außerdem, dass Sie den Auftrag nicht ausführen können, wenn Sie am Ende eine qualitativ nicht so hochwertige Übersetzung abliefern, wie es Ihren eigenen Standards entspricht.
- ➔ Wenn Sie den Kunden noch gar nicht kennen oder bei der Überprüfung auf negative Erfahrungen gestoßen sind, lassen Sie sich zumindest eine Anzahlung geben. Möglich wäre auch, sich die Übersetzung komplett bezahlen zu lassen, bevor Sie damit beginnen. In diesem Fall ist es hilfreich, wenn Sie über einen Paypal-Account verfügen, auch wenn

diese Zahlungsmethode für Ihre regulären Geldeingänge eher ungeeignet ist. Warum, das werde ich Ihnen im nächsten Kapitel „Das liebe Geld“ noch genauer erläutern.

➔ Schicken Sie auf jeden Fall jedem neuen Kunden Ihre Geschäftsbedingungen und lassen Sie sich per Email bestätigen, dass der Kunde damit einverstanden ist.

➔ Ist der Kunde eine Privatperson, bei der natürlich eine Hotmail- oder Gmail-Adresse vollkommen legitim ist, lassen Sie sich die Übersetzung vorab vollständig bezahlen (außer es handelt sich um eine Person aus Ihrem Bekanntenkreis). Lebt diese Person in Deutschland, denken Sie bei der Rechnung an die Umsatzsteuer!

4.2.2 Die eigene Planung

Vor allem, wenn Sie bereits einige Stammkunden haben, kann es vorkommen, dass mehrere Aufträge parallel erledigt werden müssen. In diesen Zeiten ist es sinnvoll, einen Kalender zu führen, in dem Sie die einzelnen Aufträge und ihren Status eintragen. Diesen können Sie sehr leicht in einer Excel-Tabelle erstellen, in der das Arbeitsdatum eingetragen und der jeweilige Status Ihrer Aufträge in verschiedenen Farben markiert werden. So können Sie schnell erkennen, was anliegt oder ob Sie für einige Aufträge noch die Rechnung schreiben müssen.

Hier ist ein Beispiel für die Planung mehrerer Aufträge:

- Ein Auftrag wird vom Kunden für einen der nächsten Tage angekündigt und Sie tragen diesen in Ihren

Kalender ein. Legen Sie direkt fest, an welchem Tag Sie den Auftrag bearbeiten wollen und wie lange Sie für diesen benötigen.

- Ein Auftrag, der dringend ist, kommt an einem Tag rein, an dem Sie nicht viel zu tun haben. Schaffen Sie die Übersetzung in der vom Kunden eingeräumten Zeit? Dann steht einer spontanen Arbeit nichts im Weg. Tragen Sie sie trotzdem in Ihrem Kalender für den aktuellen Tag ein.
- Eine Weile, bevor eine Agentur den Auftrag selbst von Ihrem Kunden bekommt, fragen die Projektmanager bei Übersetzern nach ihrer Kapazität in der Zeit, in der die Übersetzung durchgeführt werden soll. Ist die Agentur bereits ein guter Kunde von Ihnen und sich sicher, dass sie den Auftrag auch wirklich bekommen, planen Sie die Übersetzung ruhig ein, fragen Sie aber regelmäßig nach dem aktuellen Status des Auftrags. Es macht keinen Sinn, wenn Sie sich die Zeit freihalten und der Auftrag am Ende gar nicht zu dieser Zeit kommt. Anderen Kunden können Sie zum Zeitpunkt der Anfrage ruhig Ihre Kapazität mitteilen, doch kommt ein anderer Auftrag vor dem angekündigten Auftrag rein, bevorzugen Sie diesen ruhig, da Sie nicht sicher sein können, ob der Kunde wirklich sein Wort hält und Sie am Ende mit der Übersetzung beauftragt.

Denken Sie bei Ihrer Planung an die Formel, mit der Sie zu Beginn Ihre durchschnittliche Arbeitsleistung pro Tag ermittelt haben. Wie viele Wörter konnten Sie in einem halben Arbeitstag übersetzen? Lesen Sie ruhig noch einmal in Kapitel 2 - Aller Anfang ist schwer nach.

Die Kalendermethode bietet Ihnen zu jeder Zeit einen Überblick über Ihre Arbeit. Ist Ihr Kalender voll, haben Sie ruhig die Größe und lehnen Sie weitere Aufträge für die Zeit ab, in der Sie schon so viel zu tun haben. Sagen Sie Ihrem Kunden dann, dass Sie leider dieses Mal nicht helfen können, aber sich schon darauf freuen, demnächst wieder mit ihm zusammenzuarbeiten. Keine Agentur wird Ihnen diese Ehrlichkeit übel nehmen und Sie nicht wieder fragen.

Planen Sie in Ihren Tag aber auch genügend Pausen ein. Bei einer Arbeit vor einem Computerbildschirm gilt die Faustregel: fünf Minuten Pause pro Stunde. Halten Sie ebenfalls Ihre eigenen Geschäftszeiten ein. Diese beiden Faktoren sind wichtig für Ihre eigene Gesundheit.

4.2.3 Rush Jobs

Rush Jobs — oder Eilaufträge — sind eine Sache für sich und ob ich sie annehme, hängt stark davon ab, wie viel Zeit ich habe. Auch hier ist natürlich das Führen eines Kalenders sehr hilfreich.

Auch was als ein solcher Auftrag bezeichnet wird, ist stark Ermessenssache. Es gibt Agenturen, deren Aufträge sind immer dringend, aber für sie existieren Rush Jobs nicht, weshalb sie auch nicht extra dafür bezahlen. Ob Sie den Auftrag unter diesen Bedingungen annehmen, sollten Sie sich gut überlegen.

Aber wann ist ein Auftrag ein Rush Job?

Wie gesagt, bei der Bezeichnung ist vieles Ermessenssache. Grundsätzlich gilt aber: Sie sollten in Ihrem Konzept und Ihren Geschäftsbedingungen festgehalten haben, wie viele Wörter Sie im Schnitt am Tag übersetzen können — meistens sind das ca. 3.000. Doch überschreitet der Auftrag diese Wortzahl und die Deadline ist in weniger als 24 Stunden während der Arbeitswoche, sollten Sie von einem Rush Job ausgeben und es dem Kunden so mitteilen.

Wie hoch ist der Zuschlag und wovon ist dieser abhängig?

Auch das ist natürlich Ermessenssache und die folgenden Hinweise können nur als Richtlinie gewertet werden.

Übersteigt der Auftrag die tägliche Wortzahl um 50 %, ist ein Zuschlag von 50 % des Preises angemessen. Übersteigt er die Wortzahl um 100 %, ist der doppelte Preis fällig. Auf ähnliche Weise können auch Zwischenstufen des Zuschlags errechnet werden.

Ob der Kunde damit einverstanden ist, ist seine Sache. Manche Aufträge sind plötzlich gar nicht mehr so dringend, wenn der Übersetzer die Agentur über den Zuschlag informiert. Ist die Übersetzung aber wirklich so dringend fällig, sind Agenturen meistens auch bereit, den Zuschlag zu zahlen, da sie ihn häufig an ihren Kunden weiterleiten können, welcher für die Dringlichkeit seines Dokuments verantwortlich ist.

Was mache ich, wenn der Kunde die Übersetzung innerhalb einer Stunde haben will?

Wenn es sich bei dem Dokument nicht gerade um ein Dokument handelt, für das Sie bereits eine Vorlage haben, z.B. eine Geburtsurkunde, ist es praktisch unmöglich, denn bevor Sie mit der Übersetzung beginnen können, müssen noch einige bürokratische Dinge erledigt werden. Zuerst müssen Sie zustimmen, dass Sie die Übersetzung übernehmen können. Dann muss der Kunde Ihnen offiziell den Auftrag erteilen. Dann müssen Sie die Übersetzung anfertigen, sie Korrektur lesen — und das gilt grundsätzlich — eine Rechnung schreiben, dies alles an den Kunden senden, welcher den Erhalt der Email bestätigen muss. Sie sehen also, dass ein derartiger Eilauftrag in der Praxis eher schwer zu erledigen ist.

Manchmal bietet der Kunde bei knappen Deadlines von sich aus an, mehr zu zahlen. Passt der Auftrag trotzdem in Ihren Zeitplan und haben Sie vielleicht sogar bereits eine Vorlage, weil Sie ein sehr ähnliches Dokument schon einmal übersetzt haben und deshalb nur noch die Namen und Daten ersetzen müssen, nehmen Sie den Auftrag ruhig an.

4.2.4 Wann ein Auftrag abgelehnt werden muss

Wie bereits erwähnt, gibt es Situationen, in denen Sie einen Auftrag besser ablehnen sollten. Die häufigsten dieser Situationen sind folgende:

- Das Dokument entspricht nicht einem Ihrer Fachgebiete und Sie können nicht sicher sein, in der gegebenen Zeit eine qualitativ hochwertige Übersetzung anzufertigen.
- Sie haben so viel zu tun, dass Sie die Übersetzung bei Einhaltung Ihrer Geschäftszeiten und Pausen nicht erledigen können. (Natürlich können Sie hier auch mal eine Ausnahme machen, aber Sie sollten sie nicht zur Regel machen.)
- Die Anfrage kommt von einem Ihnen noch unbekannten Kunden und Sie haben aus irgendeinem Grund ein komisches Bauchgefühl. Das klingt vielleicht albern, aber es ist durchaus sinnvoll, sich auf seinen Bauch zu verlassen. Als ich es einmal nicht tat, hatte ich am Ende Ärger wegen der Bezahlung und große Mühe, an mein Geld zu

kommen.

Wie ich ebenfalls schon geschrieben habe, wird Ihnen eine Agentur das nicht übel nehmen, wenn Sie ab und zu einen Auftrag ablehnen müssen. Das ist nur normal und wahrscheinlich haben Sie das nächste Mal wieder Zeit für sie. Versuchen Sie nur immer, die Anfrage auch dann möglichst schnell zu beantworten, wenn Sie den Auftrag ablehnen müssen. Allerdings gibt es auch Kunden, die Sie dann versuchen werden, doch noch zu überreden. Aber solche Personen filtern Sie sicher schnell heraus und können entsprechend reagieren. Lassen Sie sich nur nicht zu Dingen überreden, bei denen Sie sich nicht wohlfühlen.

4.3 Benötigte Software

Es steht außer Frage, dass ein Übersetzer auch über die nötige Textverabeitungssoftware verfügen muss. Dazu gehört ein Office-Programm, aber auch CAT Tools und eventuell sogar eine Software zum Untertiteln von Videos. Gerade die Marktführer in den Bereichen, also *Microsoft Office* und im Falle von CAT Tools *Trados*, sind in der Anschaffung unter Umständen extrem teuer, und als Neueinsteiger werden Sie vielleicht nicht das Geld übrig haben, um sofort so viel zu investieren. In diesem Abschnitt will ich Ihnen zeigen, dass es preiswerte, zum Teil kostenlose Alternativen gibt, die sich wirklich lohnen.

4.3.1 MS Offices kostenlose Alternative

Dass ich kein Fan von *Microsoft Office* bin, wird Sie vielleicht erstaunen. Immerhin ist dies der absolute Marktführer und seine Dokumentformate in .doc und .xls oder die neueren Versionen .docx und .xlsx können praktisch von jedem geöffnet werden. Doch *Word, Excel* und Co. sind nicht nur ziemlich teuer in der Anschaffung (die aktuellste Version *MS Office 2016* liegt in der Home-Version bei über 100 Euro), sie bieten auch einen entscheidenden Nachteil für Übersetzer.

Stellen Sie sich vor, Sie bekommen ein Dokument in *Microsoft Word* geschickt. Dieses Dokument ist in englischer Sprache und wenn Sie es öffnen, steht unten im Sprachbereich *English (US)*. Wenn Sie wie ich kein Experte in den Einstellungen von *Word* sind, würden Sie wahrscheinlich direkt mit der Übersetzung loslegen, indem Sie den englischen Text entweder Satz für Satz oder Absatz für Absatz (je nach dem, welche Methode Sie bevorzugen) mit der deutschen Übersetzung überschreiben.

Das Problem ist jetzt, dass *Word* immer noch denkt, Sie würden einen englischsprachigen Text eintippen. Aus diesem Grund ist die englische Rechtschreibkorrektur eingeschaltet. Dieses Tool, das automatisch typische Tippfehler korrigiert (z.B. tippen Sie „udn", korrigiert die Rechtschreibkorrektur dies automatisch in die korrekte Schreibweise „und"), ist eigentlich sehr nützlich, wird aber zum Problem, sobald Sie das recht häufig vorkommende deutsche Wort „werden" eintippen. Da *Word* immer noch denkt, das Dokument sei englisch, korrigiert es jedes „werden" automatisch in das englische Wort „warden" („Wache"). Lesen Sie Ihren Text später noch einmal durch, kann es durchaus passieren, dass Ihnen dieser Fehler nicht auffällt, da es das Wort „warden" im Deutschen nicht gibt und Ihr Gehirn den Fehler wieder automatisch in „werden" korrigiert, da es genau dieses Wort in diesem Zusammenhang erwartet.

Natürlich gibt es die Möglichkeit, die automatische Rechtschreibkorrektur grundsätzlich abzustellen, aber dann geht einem eine doch eigentlich nützliche Funktion verloren.

Meine Empfehlung: *Libre Office*

Es gibt eine Alternative zu *MS Office*, die nicht nur kostenlos ist, sie kann auch sämtliche *MS Office* Dokumente ohne Konvertierung öffnen und speichern, sowie neue Dokumente in den Formaten .doc, .docx, .xls, .xlsx usw. speichern.

Aus diesen Gründen ist das kostenlose Office-Programm ***Libre Office*** wirklich empfehlenswert. Es bietet sämtliche Funktionen, die sein teurer Kollege ebenfalls bietet, und kann auf der Website des Herstellers heruntergeladen werden. (Website: https://de.libreoffice.org/) *Libre Office* ist in der deutschen Version für Windows erhältlich. Für Mac OX gibt es ebenfalls eine Version, allerdings nur eine englischsprachige. Eine deutsche Übersetzung kann separat heruntergeladen werden. Möglicherweise müssen Sie die Sicherheitseinstellungen Ihres Macs überschreiben, um sie zu installieren. Falls sich die Sprache beim nächsten Öffnen von *Libre Office* nicht automatisch in Deutsch geändert hat, gehen Sie zu *„Einstellungen - Spracheinstellungen - Sprachen“*, um die Sprache der Benutzeroberfläche zu ändern.

Übersetzungen mit *Libre Office* sind ganz einfach. Sie speichern das *Word*-Dokument, das Ihnen der Projektmanager geschickt hat. Wenn Sie es öffnen, wird am unteren Rand wohl als Sprache Englisch stehen. Zum Übersetzen überschreiben Sie einfach wie gewohnt den englischen Text. Sie werden feststellen, dass die Wörter lediglich rot unterstrichen sind, weil sie nun von der Rechtschreibkorrektur nicht erkannt werden. Benötigen Sie diese jedoch, klicken Sie einfach auf *„Bearbeiten - Alles auswählen“* und ändern Sie dann die Spracheinstellungen, indem Sie unten mit der rechten Maustaste auf die Sprache klicken. Wählen Sie Deutsch aus der Liste aus. Wenn dies nicht möglich ist, klicken Sie auf „Mehr“ und wählen Sie dann aus der Dropdown-Liste unterhalb der Schriftart *„Deutsch (Deutschland)“* aus. Nun wird wieder die deutsche Sprache für die Rechtschreibkorrektur verwendet und die roten Striche verschwinden, es sei denn, Sie geben ein Wort ein, das nicht erkannt wird.

4.3.2 Trados oder Alternative? CAT Tools — Welche sich wirklich lohnen

Früher oder später werden Sie vielleicht Kunden haben, die eine Benutzung von CAT Tools verlangen, um einen einheitlichen Wortschatz für bestimmte Kunden anzulegen. Das Anlegen von sogenannten *Translation Memories* (kurz TM) ist durchaus sinnvoll, wenn es sich um Fachwortschatz oder betriebsspezifischen Wortschatz handelt. So wird gewährleistet, dass alle Übersetzer, die sie mit den Übersetzungen der Dokumente dieses Kunden beauftragen, eine einheitliche Ausdrucksweise benutzen, oder ganze Textpassagen, die immer wieder vorkommen, auch in der Übersetzung immer gleich bleiben.

Auch für Sie als Übersetzer können CAT Tools die tägliche Arbeit erleichtern. Doch es müssen nicht immer die teuren Marktführer wie *Trados, Wordfast* oder *Déjà-Vu* sein, die in ihrer Anschaffung mehrere hundert Euro kosten — in manchen Versionen sogar über 1.000 Euro — und oftmals die Benutzung oder zumindest Installation von *Microsoft Word* voraussetzen. Aber möglicherweise haben Sie sich nach dem Lesen meines letzten Abschnitts ebenfalls dagegen entschieden. Doch keine Sorge, es gibt Alternativen.

SDLX Lite* — Der kostenlose Editor von *Trados

Wenn Sie nur sehr vereinzelt durch Kunden veranlasst werden, CAT Tools zu benutzen, aber sowohl Übersetzungen als

Korrekturen von Übersetzungen anderer durchführen wollen, ist dies wahrscheinlich die beste Alternative. Fragen Sie Ihren Kunden, möglicherweise kann er Ihnen die EXE-Datei per Email zusenden. Ansonsten findet sich auf dem Forum von *ProZ* einen Thread zu diesem Thema.

Mit diesem Editor sind Sie nun in der Lage, Translation Memories im Format .ttx zu öffnen, zu übersetzen und bereits übersetzte Dateien zu korrigieren. Sie können nicht ohne weiteres eigene TMs anlegen oder Dokumente in den Editor laden. Sie können ebenfalls nicht ohne weiteres das neuere Format .sdlxliff öffnen. Bitten Sie Ihren Kunden einfach darum, Ihnen die Dateien im Format .ttx zuzusenden.

Haben Sie kein *Microsoft Word* auf Ihrem Computer installiert, wird jedes Mal, wenn Sie eine *SDLX Lite*-Datei öffnen, eine Warnmeldung angezeigt. Diese kann aber ignoriert werden, da sie sich nur auf die automatische Rechtschreibkorrektur bezieht.

Wenn Sie die Datei geöffnet haben, sehen Sie ein Fenster, welches zweigeteilt ist. Auf der linken Seite finden Sie das Original in der Ausgangssprache, auf der rechten Seite entweder das Original mit eingesetzten Übersetzungen aus dem Translation Memory oder — falls Sie Korrekturlesen sollen — die deutsche Übersetzung. Tippen Sie auf der rechten Seite nun Ihre Änderungen ein und drücken Sie anschließend die Enter-Taste, um diese zu speichern. Der Rand verfärbt sich blau. Übrigens: Segmente, die zu 100 % gleich einem TM sind (100 % Match), sind am Rand gold markiert, solche die zu einem Teil gleich einem TM sind (Fuzzy Matches) sind am Rand grün markiert.

Fazit: Für den seltenen Gebrauch durchaus nützlich. Sowohl Übersetzungen als auch Korrekturen können problemlos durchgeführt werden.

OmegaT — kostenlos, aber nur geeignet für Übersetzungen

Ein weiteres, kostenloses CAT Tool, das auch TMs im Format .sdlxliff öffnen kann, ist ***OmegaT***, welches Sie von der Website des Herstellers herunterladen können (Website: http://www.omegat.org/de/omegat.html).

Dieses CAT Tool arbeitet mit Open Office Dokumenten im Format .odt (steht für Open Document Format), wie Sie sie mit Libre Office speichern können. Daher ist die Installation dieser Software notwendig, denn möglicherweise müssen Sie Dokumente im Format .doc oder .docx erst in das .odt-Format konvertieren. Außerdem kann es Dokumente im *Microsoft Office 2007 XML*-Format öffnen, sowie LIFF-Dateien, also bestehende TMs.

Um ein Dokument mit *OmegaT* zu übersetzen, müssen Sie zunächst ein Projekt erstellen, in dem alle zu übersetzenden Dokumente gespeichert werden. Das hat den Vorteil, dass für alle Dokumente dasselbe TM angelegt wird, d.h. einmal übersetzte Segmente werden gespeichert und vorgeschlagen, wenn sie erneut im Ausgangsdokument auftreten. Das bedeutet, wenn Sie über einen Zeitraum von beispielsweise mehreren Monaten immer wieder einzelne Dokumente für denselben Kunden übersetzen, die jedoch Ähnlichkeiten aufweisen (z.B. immer denselben Slogan beinhalten), können Sie diese zu Ihrem Projekt hinzufügen und haben sofort Ihre bereits übersetzten Segmente, sowohl 100 % Matches als auch Fuzzy Matches, zur Hand.

Um alle Funktionen und auch die genauere Funktionsweise kennenzulernen, sollten Sie sich die entsprechende Dokumentation auf der Website durchlesen.

OmegaT läuft sowohl auf Windows als auch auf Mac OX.

Fazit: Tolles CAT Tool, das für reine Übersetzungen sehr vielseitig und leicht zu bedienen ist. Das Korrekturlesen ist schwieriger und ich konnte bei meinem Test nicht herausfinden, wie ich ein bereits bestehendes TM so bearbeiten konnte.

CafeTran Espresso — Mit 80 € eine gute, vielseitige und preiswerte Alternative

CafeTran Espresso ist eine preiswertere Alternative zu den teuren Marktführern *Trados* und Co (Website: https://www.cafetran.com/). Es ist für ein Jahresabo von 80 € oder eine dauerhafte Lizenz für eine einmalige Zahlung von 200 € erhältlich. Zum Ausprobieren können Sie sich eine kostenlose Version herunterladen, die allerdings eine Beschränkung von 1.000 Segmente pro TM und 500 Glossareinträgen hat. Allerdings sind 1.000 Segmente schon eine ganze Menge und wenn man diesen Wert tatsächlich übersteigt, kann man das Dokument auch immer noch aufteilen. Eine zeitliche Beschränkung gibt es nämlich nicht, sodass Sie *CafeTran Espresso* zunächst auf Herz und Nieren testen können, bevor Sie sich zum Kauf entscheiden, oder die kostenlose Version weiter nutzen. Hat man erstmal eine Lizenz erworben, kann man kostenlos eine zweite für einen weiteren Computer anfordern. Was dabei toll ist, dass diese nicht betriebssystemgebunden ist. Das bedeutet also, wenn Sie normalerweise an einem Desktop-PC unter Windows arbeiten, aber unterwegs ein MacBook haben, können Sie mit einem Kauf *CafeTran Espresso* auf beiden Geräten ausführen.

Die Benutzeroberfläche von *CafeTran Espresso* ist in zwei große Bereiche aufgeteilt. In der unteren Hälfte finden Sie bereits vorhandene TM-Einträge zum ausgewählten Segment, Übersetzungsvorschläge einer maschinell erstellten Übersetzung oder Fuzzy Matches. In der oberen Hälfte befindet sich im linken Fenster eine zweispaltige Tabelle, in der ganz links der Ausgangstext steht und rechts die bereits angefertigte Übersetzung. Bei einem neuen Projekt ist diese Spalte natürlich leer. Außerdem wird hier die Anzahl der Segmente im Dokument angezeigt. Rechts befindet sich der eigentlich Editor, wobei im oberen Teil erneut der Ausgangstext des ausgewählten Segments angezeigt wird. In den unteren Teil schreiben Sie Ihre Übersetzung und bestätigen diese Eingabe mit der Tastenkombination Alt und Pfeil nach unten oder durch Klick auf „Next Segment". Wollen Sie noch einmal etwas in einem anderen Segment ändern, navigieren Sie dorthin mit den Buttons daneben.

Sie können sowohl eigene Projekte für Ihre Kunden anlegen, die Ihnen die zu übersetzenden Dokumente in *Word* oder ODT-Formaten schicken können, als auch TMs, die Sie von Ihren Kunden geschickt bekommen, bearbeiten. Dabei ist es kein Problem, ein bestehendes TM zu korrigieren.

Fazit: Tolles CAT Tool, das alles kann, was die großen auch können, und zudem sowohl mit *Microsoft Office*-Dokumentformaten als auch mit Open Document Formaten umgehen kann. Bestens geeignet für Übersetzer, die CAT Tools lieben und viel mit ihnen arbeiten.

Gestaffelte Preise, wenn Sie mit einem CAT Tool übersetzen

Wenn Sie eine Übersetzung mit einem CAT Tool machen, besonders wenn der Kunde Ihnen ein bereits präpariertes TM schickt, werden die Preise gestaffelt nach Häufigkeit der Terme. Dabei sollte der Preis für neue Terme (New Words) etwa 20 bis 30 % über Ihrem normalen Preis pro 1.000 Wörtern liegen. Terme, die nur zum Teil schon im TM sind, sogenannte Fuzzy Matches, kosten 40 bis 50 % dessen, was New Words kosten. Terme, die exakt so bereits schon im TM existieren, sogenannte 100 % Matches, kosten noch rund 25 % des Preises von New Words.

4.3.3 Filme und Serien übersetzen: Untertitelungs-Software

Als ich 2007 einen Job als Projektmanagerin in einer Agentur für Untertitel und Synchronisation antrat, hatte ich noch keine Ahnung, wie die kleinen Textabschnitte auf das Filmmaterial gelangen. Heute nehmen die Übersetzung von Untertiteln oder deren Korrektur, die sogenannte Simulation, den größten Teil meiner Arbeitszeit als Übersetzerin ein. Es macht viel Spaß und ist eine richtig kreative Arbeit, die oft abwechslungsreicher als die einfache Textübersetzung erscheint. Auch wenn ich hauptsächlich für meinen ehemaligen Arbeitgeber arbeite, der seine eigene Software benutzt, habe ich weitere Untertitelungs-Software getestet, um diesen Dienst auch anderen Kunden anbieten zu können.

Falls Sie sich ebenfalls für diesen Bereich unseres Berufsfeld interessieren, sollten Sie weiterlesen. Ich werde Ihnen zwei Programme vorstellen, die bei meinem Test am besten abgeschnitten haben. Ein Hinweis: Meine beiden Testsieger sind nur für Windows-PCs geeignet. Das aufgrund seiner komplexen und zum Teil sehr komplizierten Funktionen nur auf den dritten Platz eingestufte Programm *Aegisub* hat allerdings auch eine Mac-Version. Darüber hinaus gibt es einige vielversprechend aussehende Apps im Mac App Store.

Bevor ich Ihnen meine beiden Testsieger etwas näher vorstelle, hier noch eine kurze Begriffserklärung, falls Sie neu in diesem Bereich sind:

- .avi = Videoformat
- VCL-Player = kostenlose Software, die Videos

abspielen kann, ähnlich dem Windows Media Player

- .srt = am häufigsten vorkommendes Dateiformat für Untertiteldateien
- Untertiteldatei = Textdatei, die neben dem auf dem Film zu erscheinenden Text des Untertitels auch Informationen über Timecodes und Länge des Verbleibens des Untertitels auf dem Bildschirm enthält
- Timecode = Genaue Zeitangabe in einem Video, die in der Regel mit 00:00:00.00 (Stunde, Minute, Sekunde, Frame) oder 10:00:00.00 beginnt.
- Frame = Einzelbild in einem Film
- PAL = Europäische Bildrate pro Sekunde
- NTSC = Amerikanische Bildrate pro Sekunde
- Timecuing = Prozess, bei dem der Zeitpunkt, wann ein Untertitel beginnt, auf dem Bildschirm zu erscheinen, und wann er wieder verschwindet, festgelegt wird
- Waveform = In einer Wellenform angezeigter Verlauf des Tons, an der man visuell erkennen kann, wann gesprochen wird oder wann Musik abgespielt wird.
- Recut = Eine Untertiteldatei wird neu am Video ausgerichtet, dabei ändern sich die Timecodes
- Simulation = Korrekturlesen der Untertitel, während gleichzeitig das Video läuft. Man simuliert quasi das Seherlebnis des Films.

Bester im Test: *Subtitle Edit* von Nikse

Diese dänische Untertitelungs-Software ist sehr benutzerfreundlich und inzwischen auch mit deutscher Benutzeroberfläche erhältlich. Es gibt eine umfassende, englischsprachige Gebrauchsanweisung und eine Reihe Videotutorials auf YouTube.

Subtitle Edit unterstützt alle Videoformate des VCL-Players, den man kostenlos herunterladen kann. Da Videos im .avi-Format jedoch am besten funktionieren, ist eine vorherige Konvertierung in dieses Format hilfreich. Außerdem unterstützt es über 200 verschiedene Untertitelformate, einschließlich des gängigsten Formats .srt.

Auf der Benutzeroberfläche befinden sich ein Videofenster, ein Textfenster und ein Fenster für die Waveform. Sie können die Benutzeroberfläche jedoch beliebig gestalten, beispielsweise die Waveform ausstellen, wenn Sie lediglich die Untertitel übersetzen. Außerdem gibt es eine Vollbildvorschau, die je nach Größe Ihres Monitors bei der Simulation äußerst nützlich ist.

Zum Timecuing benutzt man am besten die Waveform. Hier können Sie die Untertitel mit der Maus hin- und herziehen, verlängern oder verkürzen, um sie akkurat an den Beginn und das Ende der gesprochenen Sprache anpassen können. Basierend auf dieser Länge wird Ihnen angezeigt, ob Sie zu viel Text in das Textfeld eingegeben haben, sodass es für den Zuschauer schwer wird, den Text in der gegebenen Zeit zu lesen, bzw. ob der Text den Bildschirmrand überschreitet. Die entsprechenden Werte können Sie in den Einstellungen festlegen. Auch Recuts sind mithilfe der Waveform sehr leicht manuell durchzuführen, es gibt aber auch eine Extrafunktion dafür, die einem die meiste Arbeit abnimmt.

Übersetzungen und Korrekturen während der Simulation sind leicht durchzuführen. Um mehr Platz zu haben, können Sie die Waveform und / oder das Videofenster bei Bedarf ausblenden. Überschreiten Sie die zulässige Zeichenanzahl für den Untertitel, wird Ihnen das durch rote Markierungen angezeigt.

Die Einstellungen insgesamt sind sehr gut erklärt, vielfältig und professionell.

Fazit: *Subtitle Edit* ist mein Testsieger, da vielfältige Einstellungen möglich sind, es eine Extraspalte für die Übersetzungen gibt und man viele sehr hilfreiche Tutorials auf YouTube findet. Die Software kann auf der Website des Herstellers heruntergeladen werden (Website: http://www.nikse.dk/subtitleedit/).

<u>DivXLand Media Subtitler</u>

DivXLand ist Hersteller zahlreicher Video- und Videobearbeitungssoftware. Lädt man ihren ***Media Subtitler*** herunter (Website: http://www.divxland.org/en/media-subtitler/?lang=german), bekommt man eine Gebrauchsanweisung als PDF-Datei dazu, aber es gibt auch einige Videotutorials auf YouTube. Beim ersten Start muss man das Programm als Administrator ausführen, wohl damit Einstellungen vorgenommen werden können.

Der *Media Subtitler* unterstützt alle gängigen Videoformate, sowie über 30 Untertitelformate, einschließlich .srt.

Das Timecuing ist zwar sehr leicht, weil man bei Beginn des Untertitels nur auf „Apply" drücken und dies gedrückt halten muss, solange der Text gesprochen wird, aber leider nicht so akkurat. Mit etwas Übung wird man jedoch geschickter darin, den Anfang und das Ende des Untertitels genauer zu bestimmen. Auch Recuts funktionieren auf diese Art und Weise. Mit etwas Übung sind beide Aktionen sehr leicht durchzuführen. (Ansonsten können Sie zur Überarbeitung der Timecodes auch auf eine andere Software wie das eben vorgestellte *Subtitle Edit* zurückgreifen.)

Auch Übersetzungen und Simulationen sind möglich, allerdings ist das Fenster ziemlich klein und man muss den Originaltext überschreiben.

Fazit: Der *Media Subtitler* von *DivXLand* funktioniert genau wie im Tutorial erklärt, allerdings gibt es kaum weitere Hilfe im Netz. Problematisch sind auch die vielen Zeitüberschreitungen, die durch die Timecuing-Methode entstehen. Aus diesem Grund auch nur Platz 2 im Test.

4.4 Während der Übersetzung

Während Sie gerade mit der Übersetzung beschäftigt sind, können schnell Probleme auftauchen.

Zum Beispiel könnten Sie auf ein Wort oder eine Abkürzung stoßen, für das Sie selbst bei guter Recherche keine geeignete Übersetzung finden. Scheuen Sie sich in einem solchen Fall nicht, den Kunden danach zu fragen. Die Wahrscheinlichkeit ist groß, dass es sich dabei um einen betriebsspezifischen Term handelt, für den es entweder bereits eine Übersetzung gibt oder eben nicht. Im letzteren Fall wird der Kunde Ihnen den Begriff wahrscheinlich erklären und Sie bitten, eine geeignete Übersetzung zu finden. Wenn dies der Fall ist, machen Sie es anschließend genauso. Nennen Sie dem Kunden Ihren Übersetzungsvorschlag (oder auch mehrere Vorschläge) und erklären Sie diesen, damit er entscheiden kann, ob die Übersetzung zutreffend ist, oder er sich den seiner Meinung nach besten Vorschlag herauspicken kann.

Wenn Sie Korrektur lesen, egal, ob es sich dabei um eine Textdatei oder eine Untertiteldatei handelt, kann es ab und zu vorkommen, dass die Qualität so schlecht ist, dass es einfacher wäre, den Text vollkommen neu zu übersetzen. Auch in diesem Fall sollten Sie sich bei Ihrem Kunden melden und mit ihm absprechen, ob Sie entweder mehr Geld und Zeit für die Bearbeitung bekommen oder er sie mit der Neuübersetzung beauftragt.

Sollten Sie einmal während der Arbeit an einem Auftrag so schlimm erkranken, dass Sie diesen nicht beenden können, geben Sie dem zuständigen Projektmanager umgehend Bescheid. Es ist nicht immer ganz leicht, dann auf die Schnelle einen Ersatz zu finden. Wenn es Ihnen nur ein wenig unwohl ist, überlegen Sie es sich also gründlich, ob es nicht leichter für alle Beteiligten wäre, wenn Sie den Auftrag noch zu Ende führen und dann für einige Tage keine weiteren Aufträge annehmen, um sich zu erholen. Vor einigen Jahren nahm ich beispielsweise an einem Freitag einen Auftrag für die Untertitelung einiger Videos an, welche ich im Laufe des darauffolgenden Montags erledigen sollte. Über das Wochenende bekam ich eine Erkältung. Auch wenn mir die Arbeit an jenem Montag schwerfiel, so erledigte ich sie und nahm mir den nächsten Tag frei. Ich bin sicher, hätte ich deshalb den Auftrag am Montagmorgen noch zurückgegeben mit der Bitte, jemand anderes möge sich darum kümmern, hätte mein Kunde die Deadline, die er wiederum mit seinem eigenen Kunden vereinbart hatte, nicht mehr einhalten können.

4.5 Zusammenarbeit mit anderen Übersetzern

Die Zusammenarbeit mit anderen Übersetzern wird auch als „Netzwerken“ bezeichnet. Damit können unter anderem folgende Formen der Zusammenarbeit gemeint sein:

- Das Weitergeben von Übersetzungsaufträgen, wenn man selbst zu viel zu tun hat oder der Auftrag nicht dem eigenen Fachgebiet entspricht, man den Job aber nicht ablehnen will
- Einen Kollegen die eigene Übersetzung Korrektur lesen lassen

Das Weitergeben von Übersetzungsaufträgen

Stellen Sie sich vor: Sie sind überschwemmt mit Arbeit und dann kommt der Lieblingsstammkunde mit einer weiteren Übersetzung, die er dringend benötigt. Er bittet und bettelt, sodass Sie sich schlecht fühlen, die Übersetzung ablehnen zu müssen. Aber da fällt Ihnen ein: Sie haben ja einen netten Kollegen, der gerade nicht so viel zu tun hat und den Auftrag übernehmen kann. So müssen Sie den Auftrag nicht ablehnen und somit Ihren Lieblingskunden auch nicht enttäuschen. Das Honorar regeln Sie intern mit Ihrem Kollegen. Dasselbe gilt natürlich für Auftragsanfragen, die nicht Ihrem Fachgebiet entsprechen.

So weit klingt dies natürlich vielversprechend, denn wer möchte schon gern einen guten Kunden enttäuschen? Doch wie ich bereits in diesem Kapitel erwähnt habe, ein Kunde wird es Ihnen normalerweise nicht übel nehmen, wenn Sie ausnahmsweise einen Auftrag ablehnen müssen. Bedenken Sie, bevor Sie auf diese Art netzwerken, eines: Am Ende sind Sie für die Qualität der Übersetzung verantwortlich. Was, wenn Ihr Kollege nicht die Größe besitzt, einen Auftrag abzulehnen, wenn er sich mit dem Fachgebiet nicht auskennt? Korrekturlesen sollten Sie die Übersetzung auf jeden Fall selbst noch einmal. Was, wenn Sie das Dokument komplett überarbeiten müssen? Dann haben Sie am Ende mehr Arbeit als Nutzen und müssen trotzdem noch den Kollegen bezahlen.

Wie Sie sehen, bin ich kein Fan von dieser Methode. Natürlich ist das meine subjektive Einstellung und Sie sind am Ende allein für Ihre Entscheidungen verantwortlich, aber ich halte es an dieser Stelle für sinnvoll, Ihnen meine Bedenken mitzuteilen.

Etwas anderes ist es, wenn Sie eine Anfrage bekommen und feststellen, dass das Dokument nicht Ihrem Fachgebiet entspricht, sie aber jemanden kennen, der perfekt dafür geeignet wäre, und Sie diesen Ihrem Auftraggeber empfehlen. Damit sind Sie selbst aus der Sache heraus.

Einen Kollegen die eigene Übersetzung Korrekturlesen lassen

Diese Form des „Netzwerken" hingegen scheint mir sehr sinnvoll zu sein, besonders wenn Sie wie viele zu den Menschen gehören, die nur schlecht die eigenen Fehler finden. Nicht jeder kann Texte, die er selbst verfasst bzw. übersetzt hat, auch Korrekturlesen. Viele sind „betriebsblind" und ihnen entgehen die eigenen Fehler, selbst wenn sie den Text laut lesen. Oder Sie bekommen einen Auftrag, mit dessen Thema Sie nicht ganz vertraut sind, lehnen diesen aber nicht ab. Vielleicht ist es Ihnen nicht direkt aufgefallen oder die Beschreibung des Kunden bezüglich des Themas war ungenau. Sie haben jedoch einen Kollegen, der sich gut in diesem Fachgebiet auskennt. Dann fertigen Sie Ihre eigene Übersetzung an und lassen Sie sie dann von einem Kollegen Korrekturlesen ähnlich wie bei einem Lektorat.

Natürlich wird sich die Zusammenarbeit mit Ihrem Kollegen im Preis für die Übersetzung niederschlagen. Aus diesem Grund ist es sinnvoll, bereits im Vorfeld einen Preis für die Korrektur mit dem Kollegen auszuhandeln, denn dieser muss am Ende an den Kunden weitergegeben werden. Auf diese Art und Weise können Sie selbst dem Kunden auch die Korrektur durch einen unabhängigen Übersetzer anbieten und ihm mitteilen, wie viel mehr es ihn kosten würde. Dann kann der Kunde entscheiden, was er möchte.

Kapitel 5 - Das liebe Geld

5.1 Rechnung und Buchhaltung

Die Rechnung

Sobald Sie Ihre Übersetzung abgegeben haben, müssen Sie dafür sorgen, für Ihre Arbeit bezahlt zu werden. Sofern Ihr Kunde kein eigenes System oder eine eigene Vorlage für die Rechnungen hat, sind Sie selbst dafür verantwortlich, eine Rechnung zu schreiben, in der folgende Informationen enthalten sein müssen:

- Ihr Name
- Ihre Adresse
- Ihre Umsatzsteuer-ID
- eine fortlaufende Rechnungsnummer
- Ihre Bankverbindung einschließlich Adresse Ihrer Bank
- die Auftragsnummer des Kunden
- die ausgeführte Dienstleistung (z.B. Übersetzung)
- der in Rechnung gestellte Preis
- der Name und die Adresse Ihres Kunden
- die Umsatzsteuer-ID Ihres Kunden, falls dieser im EU-Ausland sitzt
- Ihre Zahlungsbedingungen (z.B. 30 Tage nach Rechnungsdatum)

Schicken Sie Ihre Rechnung anschließend im PDF-Format an Ihren Kunden. Dies wirkt genau wie beim Translators CV professionell, kann von jedem Gerät geöffnet werden und ist gesichert gegen Manipulationen.

Wenn Ihr Kunde eine eigene Vorlage, z.B. in Excel, hat und Sie bittet, diese statt der eigenen zu benutzen, können Sie dies ruhig tun, solange die oben genannten Informationen enthalten sind. Falls nicht, sollten Sie neben der Rechnung in der Vorlage Ihres Kunden für Ihre eigenen Bücher eine Rechnung mit Ihrer eigenen Vorlage erstellen. Sollte das Finanzamt nachfragen, haben Sie eine Rechnung auf Ihrem Computer, die alle notwendigen Informationen beinhaltet. Es ist nicht nötig, jede Rechnung auszudrucken, solange Sie eine digitale Kopie haben.

Buchhaltung:

Jede Rechnung, die Sie schreiben, und jede Ausgabe, die Sie für Ihr Büro tätigen, müssen natürlich in der Buchhaltung vermerkt sein. Ich benutze dafür eine Excel-Tabelle mit einer einzelnen Tabelle für alle Einnahmen und einer zweiten für alle Ausgaben. Notieren Sie in dieser Tabelle den Namen Ihres Kunden, einen Ansprechpartner in der Firma, welche Art von Auftrag Sie ausgeführt haben, die Auftragsnummer Ihres Kunden, Ihre Rechnungsnummer und wann die Rechnung bezahlt sein muss. So sehen Sie schnell und leicht, wenn eine Zahlung überfällig ist, und können Ihren Kunden entsprechend kontaktieren. Tragen Sie anschließend das Datum ein, an dem der Rechnungsbetrag auf Ihrem Konto eingegangen ist.

Auf der Ausgabenseite tragen Sie neben Datum und Art der Ausgabe auch den Brutto- und Nettopreis sowie die enthaltene Umsatzsteuer ein. Dies erleichtert die Umsatzsteuervoranmeldung, die Sie zunächst monatlich und später vierteljährlich für das Finanzamt anfertigen müssen. Mehr zum Thema Umsatzsteuer finden Sie im nächsten Abschnitt.

Bankkonto:

Sie sollten bedenken, dass nicht alle Banken möchten, dass Sie Ihr privates Girokonto auch für geschäftliche Transaktionen nutzen. Darüber hinaus ist es sehr praktisch, für geschäftliche und private Belange unterschiedliche Bankkonten zu führen. Sprechen Sie mit Ihrem Bankberater über Ihre Möglichkeiten und bedenken Sie ebenfalls, dass Online-Banking für Sie als neuer Unternehmer zeitsparend ist.

Für manche Kunden ist es sinnvoll, zusätzlich einen Paypal-Account zu haben, wenn der Kunde beispielsweise eine Vorauszahlung leisten muss. Dies geht schneller als eine Überweisung, besonders wenn sie aus dem Ausland kommt. Jedoch rate ich davon ab, für alle Zahlungen Paypal einzusetzen. Für diesen Bezahldienst gelten Sie als Verkäufer und zahlen deshalb einiges an Provision an Paypal.

Buchhaltungssoftware:

Vor einigen Jahren habe ich verschiedene Buchhaltungssoftwares getestet, wieder unter der Prämisse, dass die Anschaffungskosten nicht zu hoch sind. Allerdings muss ich sagen, dass ich keine gefunden habe, die meinen Anforderungen genügte. Bedenken Sie nämlich, dass Sie Ihre Rechnungen am besten in englischer Sprache verfassen, da die meisten Ihrer Aufträge aus dem Ausland kommen werden. Das bedeutete bei meinem Test jedoch, dass man entweder seine gesamte Buchhaltung auf Englisch machen musste und auch nur eine englischsprachige Benutzeroberfläche zur Verfügung hatte, oder eben, dass die Rechnung in deutscher Sprache verfasst wurde. Deshalb: Da wir als Übersetzer keine wirklich schwierige Buchhaltung haben, genügt eine Excel-Tabelle und eine Vorlage für die Rechnungen.

5.2 Steuern und USt

Da Sie als Übersetzer vermutlich nicht nur Aufträge aus Deutschland, sondern auch aus dem (EU-) Ausland erhalten werden, ist es notwendig, eine Umsatzsteuer-Identifikationsnummer (kurz Umsatzsteuer-ID) zu beantragen. Das bedeutet für Sie, dass Sie Ihre eigene Umsatzsteuer-ID und die Ihrer Kunden aus Deutschland und dem EU-Ausland in der Rechnung vermerken müssen. Fragen Sie also vor Annahme des ersten Auftrages nach der Umsatzsteuer-ID (englisch VAT number) Ihres Kunden. In der Rechnung selbst müssen Sie nur bei Kunden aus Deutschland die Umsatzsteuer von 19 % berechnen. Bei Kunden aus dem Ausland entfällt dies. Aus derzeit aktuellem Anlass noch eine Anmerkung: Geldeingänge aus Großbritannien werden zunächst einmal noch wie solche aus anderen EU-Ländern behandelt. Man muss abwarten, was die Verhandlungen zwischen Großbritannien und der EU bringen, wenn es denn so weit ist.

Auch bedeutet es, Inhaber einer Umsatzsteuer-ID zu sein, dass Sie mehrmals im Jahr bestimmte Erklärungen abgeben müssen, zu denen ich in Kürze komme. Um diese anzufertigen, laden Sie sich die Software ***Elster*** herunter. (Website: https://www.elster.de/) Außerdem benötigen Sie eine sogenannte Teilnehmernummer (Antrag kann hier heruntergeladen werden: http://www.pc-notarzt.info/lexware/lexnews550/antrag_teilnehmernummer.pdf), die Sie am besten sofort nach Erhalt Ihrer Umsatzsteuer-ID bei Ihrem Finanzamt beantragen, und eine Zertifikationsdatei, mit der Sie sich bei der elektronischen Übermittlung Ihrer Steuerdaten identifizieren. Diese erhalten Sie auf dem Onlineportal von *Elster*, auf welches Sie ebenfalls über die eben genannten Website zugreifen können.

Umsatzsteuervoranmeldung

Zu Beginn muss die *Umsatzsteuervoranmeldung* monatlich bis zum Zehnten und ab zwei Jahren nach Firmengründung vierteljährlich bis zum Zehnten des Folgemonats eingereicht werden. Wann von monatlich auf vierteljährlich umgestellt wird, wird Ihnen Ihr Finanzamt unaufgefordert mitteilen.

(1) Öffnen Sie *Elster* und suchen Sie das Formular für die Umsatzsteuervoranmeldung heraus. Füllen Sie es mit Ihren Daten aus.
(2) Tragen Sie den Nettoumsatz, den Sie während des Meldezeitraums durch Aufträge aus Deutschland eingenommen haben, in das Feld mit der Nummer 81 ein (Steuerpflichtige Umsätze zum Steuersatz von 19 %). Hierbei gelten die Beträge, die tatsächlich auf Ihr Konto eingegangen sind, und nicht die, die Sie zwar in Rechnung gestellt, aber noch nicht bezahlt bekommen haben.
(3) Tragen Sie den Umsatz, den Sie aus dem EU-Ausland eingenommen haben, für den Sie keine Umsatzsteuer anmelden müssen, in das Feld mit der Nummer 41 ein. Auch hier gelten die Beträge, die im Meldezeitraum auf Ihrem Konto eingegangen sind.
(4) Falls Sie privaten Sprachunterricht oder Nachhilfeunterricht erteilt haben, so ist diese Dienstleistung von der Umsatzsteuer befreit. Tragen Sie den Umsatz hieraus in das Feld mit der Nummer 48 ein. Genau wie bei den beiden letzten Punkten gelten auch hier nur die Beträge, die im Meldezeitraum auf Ihr Konto eingegangen sind.
(5) Tragen Sie die Umsatzsteuer, die Sie im Meldezeitraum für Neuanschaffungen für Ihr Büro bezahlt haben, in das Feld mit der Nummer 66 auf der Seite 2 ein.
(6) Prüfen Sie die Daten und senden Sie das Formular

online an Ihr zuständiges Finanzamt. Dafür brauchen Sie die Zertifikationsdatei, zu der Sie navigieren, wenn Sie dazu aufgefordert werden.

(7) Speichern oder drucken Sie das Übertragungsprotokoll.

Zusammenfassende Meldung

Vierteljährlich (wenn nicht anders von Ihrem Finanzamt gefordert) müssen Sie bis zum Fünfundzwanzigsten des Folgemonats eine sogenannte *Zusammenfassende Meldung* an das Finanzamt senden, welche Sie auch mithilfe der *Elster*-Software oder über das Onlineportal von *Elster* auf dem elektronischen Weg an Ihr zuständiges Finanzamt senden können. Für die *Zusammenfassende Meldung* benötigen Sie die Teilnehmernummer.

In der *Zusammenfassenden Meldung* geben Sie alle Umsätze von anderen Unternehmen aus der EU, die im Meldezeitraum auf Ihr Konto geflossen sind, nach Kunden getrennt an. Dabei spielt es keine Rolle, wie viele Geldeingänge von derselben Firma kommen. Einzig und allein der Gesamtumsatz pro Kunde zählt. Dazu müssen Sie die Umsatzsteuer-IDs Ihrer Kunden und der Gesamtumsatz pro Kunde parat haben. Geben Sie *„innergemeinschaftliche Lieferung"* als Art der Umsätze an. Es ist gut möglich, dass Elster Ihnen Bescheid geben wird, sollte — aufgrund des Ausscheidens Großbritanniens aus der EU — innergemeinschaftliche Lieferungen nach Großbritannien nicht mehr in der Zusammenfassenden Meldung aufgeführt werden müssen.

Prüfen Sie die Daten und senden Sie die *Zusammenfassende Meldung* auf dem elektronischen Weg an Ihr zuständiges Finanzamt. Auch hier benötigen Sie die Zertifikationsdatei, um sich auszuweisen. Navigieren Sie also zu deren Speicherort auf Ihrem Computer, wenn Sie dazu aufgefordert werden. Übermitteln Sie anschließend das Formular und speichern Sie das Übertragungsprotokoll oder drucken es aus.

Jährliche Einkommensteuererklärung

Da diese sehr kompliziert und umfassend ist, empfehle ich dringend, hierfür einen Steuerberater zu Rate zu ziehen. Für diesen sind Sie als Unternehmer, der keine wirklichen Materialkosten in der Bilanz hat, ein leichter Auftrag. Außerdem haben Sie, falls Sie einen Steuerberater haben, auch länger Zeit, Ihre Einkommensteuererklärung einzureichen.

5.3 Versicherungen

Im deutschen Sozialsystem gelten bestimmte Versicherungen als Pflichtversicherungen. Während das durchaus Sinn macht, bedeutet es für den frischgebackenen Freiberufler eine zusätzliche finanzielle Belastung, die noch dazu nicht zu knapp ausfällt. Doch welche Versicherungen sind wirklich Pflicht und welche sind trotzdem gerade in der Anfangsphase sinnvoll, in der man noch nicht viel Geld verdient?

Private Krankenkasse:

Jeder, der in Deutschland lebt, ist verpflichtet, krankenversichert zu sein. Doch während sich die monatlichen Beitragszahlungen bei Angestellten auf Arbeitgeber und Arbeitnehmer verteilen und Sie während Ihres Studiums vielleicht sogar noch bei Ihren Eltern mitversichert waren, müssen Sie auf einmal all das selbst leisten und sich privat krankenversichern. Und das ist nicht billig! Aus diesem Grund prüfen Sie genau, welche Leistungen Sie — besonders jetzt — unbedingt brauchen und wie hoch die Selbstbeteiligung sein kann, um die Prämien so gering wie möglich zu halten. In der privaten Krankenversicherung ist die Pflegeversicherung enthalten. Beides wird in der Beitragsberechnung jedoch getrennt voneinander aufgeführt. Sollten Sie mal nicht in der Lage sein, die hohen Summen zu zahlen, so zahlen Sie zumindest die Beiträge der relativ niedrigen Pflegeversicherung, ansonsten droht eine zusätzliche Geldstrafe der Behörden.

Rentenversicherung:

Freiberufliche Übersetzer gehören zu der Gruppe Freiberuflern, die nicht als schutzbedürftig gelten. Aus diesem Grund besteht zum gegenwärtigen Zeitpunkt (Juli 2016) keine Versicherungspflicht für uns. (siehe www.fuer-gruender.de/wissen/existenzgruendung-planen/branchentipps/freiberufler/rentenversicherung/) Natürlich steht es Ihnen frei, sich privat zu versichern oder auf andere Art und Weise für Ihren Ruhestand vorzusorgen, zum Beispiel über Aktienfonds. Zu diesem Thema gibt es zur Zeit Diskussionen im Bundestag, eine Rentenversicherungspflicht für Selbstständige einzuführen, wodurch sich natürlich wieder alles ändern kann. Deshalb rate ich dazu, die Medien dahingehend zu verfolgen.

Berufshaftpflicht:

Viele Freiberufler und Selbstständige arbeiten in Berufen, in denen es dringend erforderlich ist, eine Berufshaftpflichtversicherung abzuschließen. Diese ist bei uns Übersetzern zum Glück nicht zwingend notwendig. Da Sie mit Sicherheit zumeist für Agenturen arbeiten werden, sind Sie im Falle eine Fehlübersetzung über diese versichert. Darüber hinaus gilt natürlich eh immer, einen Auftrag abzulehnen, wenn Sie sich nicht wirklich wohl mit der fachlichen Thematik fühlen. Ehrlich mit sich und dem Kunden zu sein, ist sicher ein großer Schritt in

Richtung der Vermeidung solcher Probleme.

Berufsunfähigkeitsversicherung:

Für den ein oder anderen unter Ihnen wird es vielleicht Sinn machen, über diese Versicherung nachzudenken, für den Fall, dass Sie aus irgendeinem Grund plötzlich nicht mehr in der Lage sind, Ihrer beruflichen Tätigkeit nachzukommen. Da es sich hierbei jedoch um keine Pflichtversicherung handelt, ist es nicht zwingend erforderlich, direkt zu Beginn der Karriere Geld zu investieren.

Hausratversicherung:

Wenn Sie wie ich von Ihrem Büro in der eigenen Wohnung aus arbeiten, empfehle ich dringend den Abschluss einer Hausratversicherung, falls Sie diese nicht ohnehin schon haben. Sie ist nicht sehr teuer (ich zahle beispielsweise weniger als 100 € im Jahr) und sorgt im Fall eines Unglücks in Ihrem eigenen Haus (z.B. Blitzeinschlag, Feuer, Wasserschaden) dafür, dass Ihr Computer, also Ihr wichtigstes berufliches Werkzeug, versichert ist. Natürlich sollten Sie auch regelmäßige Backups vornehmen.

5.4 Wie man in der ersten Zeit an Geld kommt

Gerade in den ersten drei Jahren — solange dauert es nämlich in der Regel, bis man einigermaßen von seinen Übersetzungen leben kann — ist es oft hart, finanziell über die Runden zu kommen, ohne sich dabei zu verschulden. Zudem befinden Sie sich in einer Zwickmühle. Einerseits verdienen Sie noch nicht genug Geld, um Ihren Lebensunterhalt zu sichern, andererseits sind viele Nebenjobs hinderlich, da Sie vielleicht nicht jeden Auftrag annehmen oder auch nur Emails der Kunden beantworten können, wenn Sie beispielsweise gerade damit beschäftigt sind, im Supermarkt auszuhelfen. Aus diesem Grund habe ich zwei Vorschläge für Sie, wie Sie mit Nebenjobs, die aus dem Sprachbereich stammen, Geld verdienen können.

Vorschlag 1: (Teilzeit) Als Projektmanager oder dessen Assistent in einer Übersetzungsagentur arbeiten

Im ersten Kapitel habe ich es bereits erklärt. Viele stellen sich Übersetzungsagenturen oder -büros so vor, dass viele Menschen aus unterschiedlichen Nationen an Schreibtischen sitzen und munter Dokumente, die der hiesige Projektmanager ihnen gegeben hat, in ihre jeweilige Muttersprache übersetzen. Das ist allerdings nur in den seltensten Fällen so. Meistens findet man weitaus mehr Projektmanager oder deren Assistenten in den Agenturen, die damit beschäftigt sind, per Telefon oder — heute viel häufiger — per Email bei freiberuflichen Übersetzern anzufragen, ob diese bestimmte Aufträge übernehmen können. Vielleicht könnten Sie einer dieser Leute sein, vielleicht sogar in Teilzeit, um noch genug Zeit für Ihre eigenen Aufträge zu haben. Wie bereits eingangs erwähnt, habe ich dies im Ausland gemacht und so wertvolle Erfahrungen gesammelt.

Wie sieht die Arbeit aus?

Als Projektmanager oder dessen Assistent erhalten Sie von Kunden Dokumente, die übersetzt werden müssen, oftmals sogar in mehrere verschiedene Sprachen. Um die Qualität zu gewährleisten, werden die Übersetzungen anschließend meist von einem unabhängigen Übersetzer Korrektur gelesen. Handelt es sich bei dem Dokument beispielsweise um einen Flyer oder eine Broschüre, kommt anschließend auch noch ein Desktop-Publisher hinzu. Und Sie sind dafür verantwortlich, für jede einzelne Aufgabe den richtigen Mann oder die richtige Frau zu finden, meistens aus der Datenbank der Freiberufler. Haben Sie den Auftrag erstmal an die Übersetzer weitergeleitet, sind Sie

Mittelsmann zwischen Übersetzer oder Desktop-Publisher und Kunden, da Sie für beide der Ansprechpartner bei Fragen sind. Hat ein Übersetzer beispielsweise eine fachliche Frage zu dem Dokument, wird er zu Ihnen kommen, da er den Auftrag von Ihnen erhalten hat. Sie müssen dann den Kunden mit dieser Frage ansprechen und dessen Antwort zurück an den Übersetzer leiten. Darüber hinaus müssen Sie dafür sorgen, dass die Deadlines aller Beteiligten eingehalten werden, und das fertige Dokument am Ende wieder an den Kunden senden.

Vorteil: In diesem Job lernen Sie „die andere Seite" des Business kennen. Sie sehen, welche Arbeitsschritte für die Personen involviert sind, die am anderen Ende der Email sitzen. Selbst einmal „im Business" tätig zu sein, hilft Ihnen, Erfahrungen zu sammeln. Aber auch für Ihren eigentlichen Beruf, den des freiberuflichen Übersetzers, den Sie mit Sicherheit immer noch anstreben, können Sie hier wertvolle Erfahrungen sammeln. Sicher vertraut man Ihnen kleinere Übersetzungen an, manchmal auch zusätzlich zu Ihrem Gehalt, wenn Sie diese zu Hause in Ihrer Freizeit durchführen. Vielleicht ist die Agentur sogar bereit, Sie auch als freiberuflichen Übersetzer in ihre Datenbank aufzunehmen — etwas, was Ihnen auch nach Ende Ihrer Tätigkeit vor Ort von Nutzen sein kann. Darüber hinaus knüpfen Sie Kontakte zu anderen Freiberuflern und können vielleicht von der Erfahrung des ein oder anderen profitieren.

Nachteil: Der Arbeitsalltag als Projektmanager kann zum Teil sehr stressig sein, sodass Sie sich vielleicht nach Feierabend nicht mehr auf weitere Arbeit in Form von Übersetzungen konzentrieren können.

Vorschlag 2: Nachhilfe geben

Nachhilfe geben — oder für Ihren Kunden „Unterrichten" — ist eine tolle Sache, weil Sie relativ schnell an Schüler kommen können und anschließend ein monatliches Grundeinkommen haben, das mit Sicherheit auf Ihrem Konto eingeht. Einem Kunden zu sagen, dass man gerade unterrichte und sich sofort bei ihm melde, sobald man wieder am Computer sei, stößt bei Agenturen auf Respekt. Sprachunterricht zu erteilen und zu übersetzen, hängt für viele zusammen — einige Übersetzer machen dies auch gern, um nicht den ganzen Tag einsam in ihrem Büro am Schreibtisch zu sitzen, sondern ab und zu unter Leute zu kommen — und Kunden denken nicht gleich: „Oh, die oder der bekommt nicht genügend Aufträge und muss deshalb noch jobben — die oder der kann ja nicht gut sein!"

Es gibt zahlreiche Nachhilfeinstitute, bei denen man sich als Honorarkraft anmelden kann. Aber sehen Sie bei der Auswahl genau hin und informieren Sie sich im Internet über folgende Sache: In den letzten zehn Jahren drängt die Sekte Scientology auf den Nachhilfemarkt und versucht so, neue Mitglieder zu finden. Prüfen Sie deshalb genau, wie es damit bei dem Institut, bei dem Sie sich anmelden möchten, bestellt ist. Außerdem sollten Sie mobil sein, da die meisten Nachhilfeinstitute damit werben, dass die Nachhilfe beim Schüler zu Hause stattfindet.

Sie können natürlich auch selbst Anzeigen schalten, in denen Sie privat Nachhilfe anbieten. In diesem Fall können die Schüler zu Ihnen nach Hause kommen, was Sie selbst natürlich flexibler werden lässt. Hierbei ist sicher für Sie interessant zu wissen, dass Nachhilfe von der Umsatzsteuer befreit ist, das heißt, die Eltern Ihrer Schüler zahlen keine Umsatzsteuer an Sie und Sie brauchen auch keine Umsatzsteuer hierfür an das zuständige Finanzamt abzuführen.

Vorteil: Indem Sie sich mit der Sprache beschäftigen, festigen Sie Ihre eigenen Sprachkenntnisse. Nachhilfeschüler finden sich recht leicht, zum Beispiel über die Institute oder private Anzeigen in Zeitungen usw. Besonders um die Zeit der Halbjahreszeugnisse, also im Januar oder Februar, steigt die Nachfrage, weil Schüler schlechte Noten bis zur Versetzung ausbügeln möchten. Kunden sehen Sprachunterricht als Teil Ihres Berufsalltags.

Nachteil: Nachhilfeunterricht, besonders wenn man ihn ordentlich macht und vielleicht noch zu dem Schüler nach Hause fahren muss, ist ziemlich zeitaufwendig und man muss ggf. mobil sein. Unter den Nachhilfeinstituten, bei denen man sich registrieren kann, können schwarze Schafe sein (Stichwort Scientology).

Kapitel 6 - Dos und Don'ts

Zum Schluss noch einmal zusammengefasst ein paar Dos und Don’ts, die jeder Anfänger beachten sollte.

Beginnen wir mit den Dos:

- ✔ Schreiben Sie ein Konzept und entwickeln Sie daraus Ihre Geschäftsbedingungen (Terms and Conditions). Dazu gibt es im Anschluss an dieses Kapitel eine Übung.
- ✔ Haben Sie feste Bürozeiten und halten Sie sich daran, d.h. seien Sie während der Geschäftszeiten zumindest über Ihr Handy per Email erreichbar. Das ist fair für den Kunden und Sie selbst, weil dann alle wissen, wann Sie arbeiten und wann nicht.
- ✔ Legen Sie eine Zahlungsfrist fest, an die sich alle Kunden halten müssen, mit denen Sie keine anderen Vereinbarungen getroffen haben. Haben Sie auch Regeln für neue Kunden und Privatpersonen parat.
- ✔ Finden Sie heraus, wie viel Sie durchschnittlich am Tag schaffen. Nutzen Sie dabei die Formel, die ich Ihnen in Kapitel 2.1 genannt habe. Als Guideline: Ein erfahrener Übersetzer plant nicht mehr als 3.000 Wörter am Tag ein. Sicher schaffen Sie schon auch mal mehr, aber das wird nicht jeden Tag funktionieren. Ansonsten ist man ziemlich schnell ausgelaugt.
- ✔ Fertigen Sie ein paar schicke Beispielübersetzungen an, z.B. von Texten aus der täglichen Presse. Diese

können Sie Kunden zukommen lassen, die etwas von Ihrer Arbeit sehen wollen. Das ist besser, als Tests zu machen, und Sie können Sie immer wieder verwenden. Das bedeutet, es ist am Ende weniger Arbeit für Sie.

- ✔ Melden Sie sich beim Finanzamt als Freiberufler an und fordern Sie eine Umsatzsteuer-Identifikationsnummer an, um Aufträge aus dem Ausland annehmen zu können. Melden Sie **KEIN** Gewerbe an, denn Übersetzungen sind eine Dienstleistung wie beispielsweise juristischer Beistand oder medizinische Untersuchungen.
- ✔ Schreiben Sie einen englischsprachigen Translators CV mit Ihren Kontaktdaten, Dienstleistungen (also Translation, Proofreading, Editing etc.), Preisen für diese Dienstleistungen und Fachgebieten. Wenn Sie eine Prüfung abgelegt oder durch ein Studium beispielsweise einen Bachelor erworben haben, schreiben Sie dies hinter Ihren Namen. Haben Sie noch keine Erfahrung von mehreren Jahren vorzuweisen, äußern Sie sich gar nicht zum Thema Erfahrung.
- ✔ Erstellen Sie Ihren Online-Auftritt durch eine Website, Facebook-Seite, einen Twitter-Account und / oder ähnliches.
- ✔ Führen Sie eine Kundenliste mit bekannten Endkunden, wie z.B. Vodafone, Sony, Apple etc. und nehmen Sie diese in Ihren Translators CV auf. Das beeindruckt Agenturen.
- ✔ Übersetzen Sie auf jeden Fall nur in Ihre Muttersprache, weil Sie nur darin hundertprozentig sicher sind.
- ✔ Überprüfen Sie jeden potenziellen Kunden auf seine Glaubwürdigkeit, d.h. hat er eine Email-Adresse, die genau sagt, für welche Firma er arbeitet? Oder ist es

nur eine gmx oder gmail oder outlook-Adresse? Was sagt die Website seiner Firma über ihn aus? Ist es eine große Firma, vielleicht sogar eine, die Ihnen bekannt ist? Ist es eine Übersetzungsagentur? Wo befindet sich der Hauptsitz der Übersetzungsagentur (evtl. wichtig für das Finanzamt, siehe Kapitel 5.2)?

✔ Planen Sie immer genug Zeit ein, um Ihre Übersetzung selbst Korrektur zu lesen, und das am besten laut. Dabei hören Sie, ob etwas noch nicht gut klingt, und sehen auch die eigenen Tippfehler besser und schneller.

✔ Geben Sie in Ihren Rechnungen eine klare Zahlungsfrist für Ihren Kunden an und erinnern Sie sie daran, falls sie diese nicht einhalten. Wenn Kunden aus buchhaltungstechnischen Gründen ihre eigene Zahlungsfrist haben, müssen sie Ihnen diese mitteilen, bevor Sie den Auftrag übernehmen. Wenn nicht, gelten Ihre eigenen.

✔ Bevor Sie in den Urlaub gehen, schreiben Sie Kunden, mit denen Sie viel zu tun haben und die Ihnen vielleicht in der Zeit Aufträge schicken könnten, eine Email mit Ihren Urlaubsdaten. Erstellen Sie darüber hinaus eine automatische Email-Antwort für den Zeitraum, um auch anderen Kunden, die Ihnen in dieser Zeit Emails schicken, über Ihre Abwesenheit Bescheid zu geben.

Und das sind die Sachen, die Sie nicht machen sollten:

✗ Zahlen Sie niemals Geld, um in eine Datenbank aufgenommen zu werden. Ausnahme hier sind natürlich seriöse Foren wie der BDÜ.

✗ Machen Sie keine kostenlosen Tests. Lassen Sie sich

Testübersetzungen bezahlen, wenn diese mehr als 200 Wörter lang sind oder eine sehr kurze Deadline (Abgabefrist) haben. Die Gefahr bei solchen ist, dass Agenturen kostenlos an eine qualitativ hochwertige Übersetzung kommen wollen, indem sie verschiedenen Übersetzern „Tests“ mit verschiedenen Textabschnitten geben und ihnen eine Zusammenarbeit oder einen tollen Auftrag versprechen, der dann jedoch nie ankommt, weil sie behaupten, dass Sie den Test nicht bestanden hätten.

✗ Nehmen Sie niemals Aufträge an, wenn sie ausschließlich über Facebook oder andere Social Networks kommen.

✗ Wenn Sie aus irgendeinem Grund bei einer Auftragsanfrage ein ungutes Bauchgefühl haben, nehmen Sie den Auftrag nicht an.

✗ Übernehmen Sie auch keine Aufträge, wenn Sie mit dem Ausgangstext nicht klarkommen. Wenn etwas schief geht, sind Sie am Ende der Dumme.

✗ Arbeiten Sie nicht am Wochenende oder an Feiertagen und wenn ein Kunde Sie darum bittet, schlagen Sie mindestens 50 % des Preises als Wochenend- oder Feiertagszuschlag auf. Wenn der Kunde die Übersetzung wirklich so dringend braucht, wird er bereit sein, dafür auch zu zahlen. Machen Sie dabei **KEINE** Ausnahme. Ausnahmen merken sich Kunden gut und nageln Sie dann beim nächsten Mal darauf fest.

Ich hoffe, diese Liste war, wenn sie auch mit Sicherheit nicht vollständig ist, eine Hilfe, um die größten Fehler für Ihren Start zu vermeiden. Sie basiert auf meinen eigenen Erfahrungen und Erfahrungen anderer Übersetzer, die diese auf Foren wie *ProZ* oder in Gesprächen geteilt haben.

Kapitel 7 - It's Your Turn Now

7.1 Ein Konzept schreiben

Bereits in Kapitel 2.1 haben Sie gelernt, wie Sie ein Konzept schreiben und wie Sie daraus Ihre Geschäftsbedingungen erstellen. Versuchen Sie es jetzt selbst. Vergessen Sie dabei aber nicht, dass Ihre Terms and Conditions auf Englisch sein sollten und natürlich von Zeit zu Zeit abgeändert werden müssen. Nehmen Sie ruhig neue Erfahrungen mit auf, die Sie in den nächsten Jahren zwangsläufig machen werden, und für die Ihrer Meinung nach Regeln entstehen müssen.

Aufgabe 1: Erstellen Sie ein Konzept und beantworten Sie dabei folgende Fragen:

- Wie komme ich an Kunden und wie vermarkte ich mich?
- Wie viel Arbeit schaffe ich an einem Tag? Kann ich damit überleben? Welche Einnahmen und Ausgaben sind absehbar?
- Wie sind meine Geschäftszeiten?
- Wie sind meine Zahlungsbedingungen?

Aufgabe 2: Erstellen Sie anhand Ihres Konzepts nun Ihre Geschäftsbedingungen. Dies muss in englischer Sprache sein.

7.2 Einen CV verfassen

Jetzt wird es Zeit, Ihren eigenen Translators CV zu erstellen. Gehen Sie dafür zurück zu Kapitel 2.2 und erstellen Sie einen CV, der folgende Informationen enthält:

- Ihre Sprachkombination(en) → Nur in die Muttersprache übersetzen
- Ihre Dienstleistungen und die Preise hierfür pro 1.000 Wörter
- Ihre Fachgebiete
- Möglicherweise Ihre Kundenliste
- Kontaktdaten und eventuelle Qualifikationen

Denken Sie daran, den CV in englischer Sprache zu verfassen und anschließend im PDF-Format zu speichern.

7.3 Beispielübersetzungen

Nachdem Sie nun alles beisammen haben, um sich bei Agenturen zu bewerben, sollten Sie noch einige Beispielübersetzungen anfertigen, die Sie Kunden auf Anfrage schicken können. Texte hierzu finden Sie beispielsweise in amerikanischen und britischen Tageszeitungen bzw. auf deren Websites.

Aufgabe 1: Übersetzen Sie einen Text aus dem Bereich Marketing

Gute Marketingtexte online zu finden, ist keine leichte Aufgabe. Ich habe eine Reisewebsite über Australien besucht und bin auf ein paar schöne Reisebeschreibungen gestoßen, die Interessierte dazu anregen sollen, ihren Urlaub in Australien, Neuseeland oder auf einer der Inseln zu verbringen. Hier gibt es kurze und knackige Texte, die sich gut zum Üben von Marketingübersetzungen eignen.

Aufgabe 2: Übersetzen Sie einen Text aus dem Bereich Wirtschaft und Politik

Täglich finden Sie neue Themen aus dem Bereich Wirtschaft und Politik im Internet. Fischen Sie sich ein Thema heraus, das ebenfalls im Land Ihrer Ausgangssprache diskutiert wird, z.B. den möglichen Austritt Großbritanniens aus der EU. Gute, englischsprachige Texte finden Sie beispielsweise auf der Website der OECD (http://www.oecd.org/) oder der Zeitung „The Economist" (http://www.economist.com/).

Aufgabe 3: Übersetzen Sie einen Text aus dem Bereich IT

Der Text muss nicht unbedingt besonders technisch sein, er kann sich auch mit einem computerbezogenen Thema beschäftigen und eigentlich wirtschaftlich orientiert sein. Bei einer Googlesuche zum Thema „*The future of cloud computing*" stieß ich auf einen Artikel aus dem *Forbes Magazine* mit dem Titel „*Google Provides A Glimpse Into The Future Of Cloud Computing*" (http://www.forbes.com/sites/mikekavis/2016/03/25/google-provides-a-glimpse-into-the-future-of-cloud-computing/#8edc9f4529f3), der diese Eigenschaften besitzt. Wichtig ist, dass es sich um einen Text handelt, in dem Fachbegriffe aus der IT-Welt vorhanden sind. Damit sollen Sie herausfinden, welche Wörter aus diesem Themengebiet übersetzt werden und welche in der englischen Sprache bleiben.

Aufgabe 4: Übersetzen Sie einen Text aus dem Bereich Recht, z.B. einen Vertrag oder einen Gesetzestext

Zugegeben, hier ein gutes Beispiel im Internet zu finden, ist sehr schwierig. Sollten Sie nichts finden, um es üben zu können, lassen Sie mich Ihnen einen Tipp geben, wenn Sie Ihren ersten Vertrag übersetzen müssen:

Alle Arten von Gesetzestexten bestehen oft aus sehr, sehr langen Sätzen mit vielen Teilsätzen und man verliert leicht die Übersicht. Aus diesem Grund übersetzen Sie Teilsatz für Teilsatz in Ihre Zielsprache und überprüfen Sie anschließend, ob Sie auch alle Wörter berücksichtigt haben. Lesen Sie danach noch einmal Ihre Übersetzung des Satzes laut und überprüfen Sie, ob er flüssig klingt. Leider dürfen sehr lange Sätze nicht geteilt werden, da sie häufig durchnummeriert sind.

Quellennachweise

„Wege zum Beruf“ - BDÜ: http://www.bdue.de/der-beruf/wege-zum-beruf/ und http://www.bdue.de/de/der-beruf/wege-zum-beruf/studium/sonstige/

Fortbildung an der Inlingua Dortmund: http://www.inlingua-dortmund.de/extras/nebenberufliche-berufsausbildung/ausbildung-zumzur-uebersetzerin.html

Staatliche Übersetzerprüfung beim Kultusministerium in Darmstadt: https://la.hessen.de/irj/LSA_Internet?cid=ed1be5cdc41247e2ab658d9b00d5fbaa

Übersetzerprüfung bei der IHK Dortmund: http://www.dortmund.ihk24.de/bildung/fortbildungspruefungen/Wegweiser_Fortbildungspruefungen/import/Geprueftter_Uebersetzer Gepruefte_Uebersetzerin/317920

Vollständige Liste der IHK-Standorte, die die Übersetzerprüfung abnehmen laut BDÜ: http://www.bdue.de/de/der-beruf/wege-zum-beruf/ihk-pruefung/

Formularmanagement des Bundesfinanzministeriums: https://www.formulare-bfinv.de/ffw/content.do

Beantragung einer Umsatzsteuer-Identifikationsnummer: http://www.bzst.de/DE/Steuern_International/USt_Identifikationsnummer/USt_Identifikationsnummer_node.html

Steuerhilfe für Freiberufler: http://www.erfolg-als-freiberufler.de/Anmeldung-beim-Finanzamt.php

Translators Cafe:

https://www.translatorscafe.com/cafe/default.asp

ProZ: http://www.proz.com/

Bundesverband der Dolmetscher und Übersetzer e.V. (BDÜ): http://www.bdue.de/der-bdue/

Verband deutschsprachiger Übersetzer literarischer und wissenschaftlicher Werke (VdÜ): http://www.literaturuebersetzer.de/

Institute of Translation and Interpreting (ITI): http://www.iti.org.uk/

American Translators Association (ATA): http://www.atanet.org/

Chartered Institute of Linguists (CIOL): https://www.ciol.org.uk/index.php?option=com_content&view=article&layout=coil:norelated&id=167&Itemid=485

Artikel von ProZ zur Wahl zwischen IOL und ITI: http://www.proz.com/forum/translators_associations/29683-which_is_better_iti_or_iol.html

Webhosting-Dienstleister One: http://www.one.com

Webhosting-Dienstleiter Jimdo: http://de.jimdo.com/

Libre Office: https://de.libreoffice.org/

Thread auf ProZ zum Thema SDLX Lite Editor: http://www.proz.com/forum/sdl_trados_support/251450-im_looking_for_the_sdl_lite_program.html

OmegaT: http://www.omegat.org/de/omegat.html

CafeTran Espresso: https://www.cafetran.com/

Subtitle Edit von Nikse: http://www.nikse.dk/subtitleedit/

DivXLand Media Subtitler: http://www.divxland.org/en/media-subtitler/?lang=german

Elster-Website: https://www.elster.de/

Link zum Download des Formulars zur Beantragung einer Teilnehmernummer: http://www.pc-notarzt.info/lexware/lexnews550/antrag_teilnehmernummer.pdf

Versicherungspflicht für Freiberufler: www.fuer-gruender.de/wissen/existenzgruendung-planen/branchentipps/freiberufler/rentenversicherung/

Website des OECD: http://www.oecd.org/

Website des *Economist*: http://www.economist.com/

Artikel aus dem *Forbes Magazine* „Google Provides A Glimpse Into The Future Of Cloud Computing: http://www.forbes.com/sites/mikekavis/2016/03/25/google-provides-a-glimpse-into-the-future-of-cloud-computing/#8edc9f4529f3

10691775R00061

Printed in Germany
by Amazon Distribution
GmbH, Leipzig